地図入門編　その1

あっち？そっち？方位を知ろう

地図帳（英語ではアトラスと言うよ）のすばらしい世界へようこそ！

皆さんはいつも地図帳をどんな時に使っているかな？地理の授業はもちろんのこと, 新聞やニュース, インターネットに出てくる地名を探したり, 旅行や遠足の行き先を調べたりしているだろうね。

地図帳はいろいろな都市の位置や人口, 大陸の形や海の広がり, 鉄道や道路のルートなど, さまざまな情報が満載で, いわば情報の宝庫だ！でも, これらの情報も正しく利用しないと, 誤解をまねくこともある…。そこで, このアトラスワークでは, まず地図帳を正しく「読む」ためのいろいろな地図の「きまり」をみんなで学んでいくよ。その後で, 日本や世界の様子を見ていくことにしよう。

これから学ぶ地図の「きまり」の中で特に基本となるものが, 「**方位**」と「**縮尺**」だ。

それでは, まず「方位」について。皆さんは下のような図を見たことがあるかな？

これは「**16方位**」といわれるもの。記入してある例を参考にして □空欄に□ 　　　　　　う。

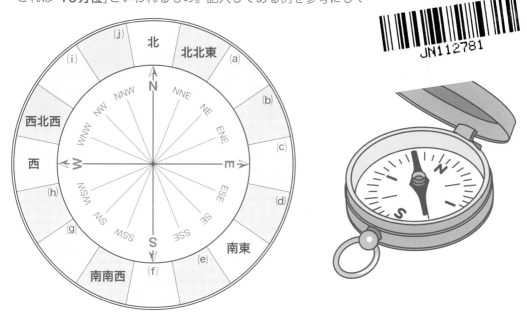

地図帳を含めて, 一般に地図は, 今書きこんでもらった方位の考え方, つまり「中心から見て**上側は北, 下側は南, 右側は東, 左側は西**」という「きまり」にしたがってそれぞれの位置関係を考えるんだ。たとえば, 「○○市は××市の東に位置する。」などのように表せばよい。なかには, この「きまり」が必ずしもあてはまらないものもあるけれど, 皆さんが住んでいる市町村ほどの, 比較的狭い範囲を扱っている地図の場合には, それほど気にする必要はないよ。

また, 「風向」を表す場合には, 「風が**吹いてくる方向**」を指し示していることにも注意してほしい。たとえば, 「北西の風」といった場合には, 「　①　　　　　から吹いてくる風」をあらわしているよ。

それから, 世界地図では, 見かけ上, オーストラリア大陸は日本の下の方に描かれているため, よく「オーストラリアは日本の下にある」というような表現をしがちだけれど, 「オーストラリアは, 日本の　②　　　　にある」という表現が正しい。このような「方位」の考え方に慣れておこう！

縮尺ってものさし？

「方位」の次は, もう一つの基本的な地図の「きまり」となる「縮尺」を学ぼう。右の写真を見てみよう。

2012年に開業した, 東京スカイツリー。テレビ局などの電波を送信する電波塔（でんぱとう）だ。その高さは634mとのこと。このページの中にそのままの大きさで描こうとしてもおさまらないね。

そこで, この東京スカイツリーの高さを約600mとして, これを6cmに縮めて小さくしたのが右のイラストだ。

どうだろう？かなり小さくなってページの中に描くことができた。この結果, 東京スカイツリーは, 「10000分の1」の大きさになったわけだ。これを, 「10000分の1」の縮尺というよ。

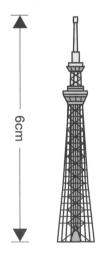

約600m

6cm

1m = ① ____ cm→

600m = ② ____ cmだから

60000cmの長さを6cmにするには6/60000→ ③ ____

この「縮尺」によって, 実際の大きさや距離（きょり）では地図中に描くことができない広い範囲の地域についても, 描くことができるようになる。この時に注意することは「**長さは縮尺に比例するが, 面積は縮尺の2乗に比例する**」という点。たとえば, 5cmの長さを1cmに縮めることは, 縮尺が1/5になるということだけれど, 面積について考えてみると, 下の図のように, 5cm×5cm = 25cm^{2}が1cm×1cm = 1cm^{2}となる。単純に1/5の大きさではなく, もとの縮尺の2乗, つまり1/25になっているよ。

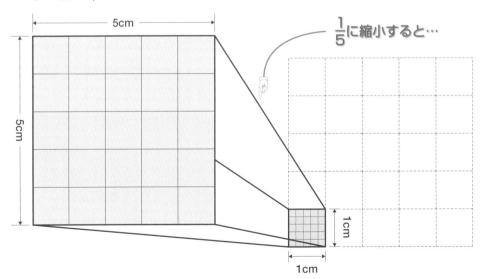

5cm

5cm

$\frac{1}{5}$に縮小すると…

1cm

1cm

P.1
(a)北東 (b)東北東
(c)東 (d)東南東
(e)南南東 (f)南
(g)南西 (h)西南西
(i)北西 (j)北北西
①北西 ②南

P.2
①100
②60000
③1/10000

P.3
①大きい ②小さい
③小さい ④大きい
⑤1万分の1
⑥5万分の1

P.4
①緯線 ②経線
③赤道 ④本初子午線

P.5
Ⓐ90 Ⓑ60 Ⓒ30
Ⓓ30 Ⓔ30 Ⓕ60
Ⓖ120 Ⓗ150
①0 ②90 ③90
④0 ⑤180 ⑥180

P.6
①オスロ
②ヘルシンキ
③サンクトペテルブルク
④アンカラ
⑤ペキン（北京）
⑥秋田
⑦マスカット
⑧ダッカ
⑨ハバナ

P.7
①360 ②24 ③360
④24 ⑤15 ⑥15
⑦15 ⑧15 ⑨45
⑩9 ⑪14

P.8
①経線 ②緯線

P.9
（解答 略）

P.10
①南 ②北 ③東
④西 ⑤南東 ⑥南西
⑦北東 ⑧北西
A：30・90
B：60・西・150
C：南・30・東・150
D：南・30・西・60
E：0・0
F：南・60・180

P.11
①3000000
②30000
③30
④2600000
⑤26000
⑥26
A：イタリア
B：ニュージーランド
C：ブラジル
D：モンゴル
E：インド
F：ケニア
G：スウェーデン

P.12
A：札幌・盛岡・仙台・宇都宮・水戸・前橋・さいたま・横浜・金沢・大津・神戸・松江・甲府・津・名古屋・高松・松山・那覇（順不同）
B：栃木・群馬・埼玉・山梨・長野・岐阜・奈良・滋賀（順不同）
①北海道 ②青森
③岩手 ④宮城
⑤福島 ⑥栃木
⑦茨城 ⑧群馬
⑨千葉 ⑩埼玉
⑪東京 ⑫神奈川
⑬秋田 ⑭山形
⑮新潟 ⑯長野
⑰富山 ⑱岐阜
⑲石川 ⑳福井
㉑滋賀 ㉒京都
㉓兵庫 ㉔岡山
㉕鳥取 ㉖広島
㉗島根 ㉘山口
㉙福岡 ㉚佐賀
㉛山梨 ㉜静岡
㉝愛知 ㉞三重
㉟奈良 ㊱大阪
㊲和歌山 ㊳徳島
㊴香川 ㊵愛媛
㊶高知 ㊷大分
㊸宮崎 ㊹長崎
㊺熊本 ㊻鹿児島
㊼沖縄

P.13
①天塩山地
②日高山脈
③出羽山地
④奥羽山脈
⑤北上高地
⑥阿武隈高地
⑦越後山脈
⑧関東山地
⑨赤石山脈
⑩木曽山脈
⑪飛騨山脈
⑫紀伊山地
⑬中国山地
⑭四国山地
⑮九州山地
⑯石狩平野
⑰十勝平野
⑱越後平野
⑲関東平野
⑳富山平野
㉑濃尾平野
㉒大阪平野
㉓讃岐平野
㉔筑紫平野
Ⓐサロマ湖
Ⓑ十和田湖
Ⓒ猪苗代湖
Ⓓ霞ヶ浦
Ⓔ浜名湖
Ⓕ琵琶湖
Ⓖ宍道湖
㋐石狩川
㋑十勝川
㋒雄物川
㋓最上川
㋔北上川
㋕信濃川
㋖利根川
㋗大井川
㋘天竜川
㋙木曽川
㋚吉野川
㋛四万十川
㋜筑後川
㋝大淀川

P.14
①太平 ②日本
③オホーツク
④東シナ ⑤択捉
⑥国後 ⑦南鳥
⑧沖ノ鳥 ⑨与那国
⑩竹 ⑪尖閣

P.15
①与那国 ②那覇
③種子 ④屋久
⑤指宿 ⑥九州
⑦球磨 ⑧阿蘇
⑨別府 ⑩島原
⑪天草 ⑫佐世保
⑬有明 ⑭吉野ヶ里
⑮太宰府 ⑯北九州
⑰関門

P.16
①秋吉 ②石見
③出雲 ④宍道
⑤松江 ⑥境港
⑦大 ⑧広島 ⑨宮
⑩厳島 ⑪尾道
⑫倉敷 ⑬高松
⑭小豆 ⑮高松
⑯讃岐 ⑰今治
⑱松山 ⑲道後
⑳石鎚 ㉑四万十
㉒室戸 ㉓吉野

P.17
①淡路 ②明石
③姫路 ④神戸
⑤六甲 ⑥淀 ⑦大阪
⑧関西 ⑨紀の
⑩志摩 ⑪津
⑫四日市 ⑬伊勢
⑭紀伊 ⑮奈良
⑯京都 ⑰天橋
⑱琵琶 ⑲彦根
⑳大津 ㉑鈴鹿

P.18
①敦賀 ②福井
③小松 ④金沢
⑤能登 ⑥富山
⑦新潟 ⑧信濃
⑨佐渡 ⑩長野
⑪松本 ⑫諏訪
⑬飯田 ⑭甲府
⑮富士 ⑯伊豆
⑰静岡 ⑱大井
⑲浜名 ⑳名古屋
㉑豊田 ㉒中部
㉓岐阜 ㉔長良
㉕白川

P.19
①三浦 ②鎌倉
③横浜 ④さいたま
⑤川越 ⑥秩父
⑦房総
⑧アクアライン
⑨千葉 ⑩浦安
⑪九十九里 ⑫銚子
⑬利根 ⑭霞ヶ
⑮水戸 ⑯鹿嶋
⑰日立 ⑱宇都宮
⑲日光 ⑳足尾
㉑前橋 ㉒高崎
㉓草津 ㉔越後

P.20
①猪苗代 ②郡山
③福島 ④山形
⑤最上 ⑥庄内
⑦酒田 ⑧男鹿
⑨八郎 ⑩白神
⑪秋田 ⑫奥羽
⑬盛岡 ⑭北上
⑮平泉 ⑯釜石
⑰松 ⑱仙台
⑲八戸 ⑳十和田
㉑青森 ㉒青函
㉓津軽 ㉔下北

P.21
①津軽 ②函館
③札幌 ④新千歳
⑤洞爺 ⑥小樽
⑦石狩 ⑧旭川
⑨夕張 ⑩日高
⑪十勝 ⑫帯広
⑬釧路 ⑭根室
⑮野付 ⑯知床
⑰宗谷

P.22-23
①アフリカ
②ユーラシア
③オーストラリア
④北アメリカ
⑤南アメリカ
⑥太平
⑦大西
⑧インド
⑨中華人民共和国（中国）
⑩インド
⑪インドネシア
⑫イラク
⑬イラン
⑭カザフスタン
⑮アフガニスタン
⑯アメリカ合衆国
⑰カナダ
⑱メキシコ
⑲エクアドル
⑳チリ
㉑ブラジル
㉒オーストラリア
㉓ニュージーランド
㋐ロッキー
㋑アパラチア
㋒アンデス
㋓グレートディヴァイディング
㋔テンシャン（天山）
㋕ヒマラヤ
㋖ウラル
㋗スカンディナヴィア
㋘アルプス
㋙アトラス
㋚ドラケンスバーグ
ⓐミシシッピ
ⓑリオグランデ
ⓒアマゾン
ⓓ黄河
ⓔ長江
ⓕレナ
ⓖエニセイ
ⓗオビ
ⓘガンジス
ⓙインダス
ⓚヴォルガ
ⓛティグリス
ⓜユーフラテス
ⓝライン
ⓞニジェール
ⓟコンゴ
ⓠナイル
ⓡザンベジ

P.24-25
①プサン（釜山）
②ソウル
③インチョン（仁川）
④北朝鮮
⑤リヤオトン（遼東）
⑥ターリエン（大連）
⑦ペキン（北京）
⑧黄河
⑨長江
⑩シャンハイ（上海）
⑪ホンコン（香港）
⑫台湾
⑬ウーハン（武漢）
⑭スーチョワン（四川）
⑮チョンチン（重慶）
⑯チョントゥー（成都）
⑰チベット
⑱ヒマラヤ
⑲ラサ（拉薩）
⑳タリム
㉑ホワンツー（黄土）
㉒ゴビ
㉓ウランバートル

P.26-27
①南シナ
②ベトナム
③メコン
④ホーチミン
⑤カンボジア
⑥バンコク
⑦チャオプラヤ
⑧ラオス
⑨ミャンマー
⑩マレーシア
⑪シンガポール
⑫マラッカ
⑬インドネシア
⑭スマトラ
⑮ジャカルタ
⑯ジャワ
⑰バリ
⑱東ティモール
⑲カリマンタン
⑳ブルネイ
㉑ルソン
㉒マニラ
㉓デリー
㉔デカン
㉕バンガロール
㉖ガンジス
㉗ヒマラヤ
㉘インダス
㉙パキスタン
㉚バングラデシュ
㉛スリランカ
㉜モルディブ

P.28-29
①テンシャン（天山）
②キルギス
③カザフスタン
④アラル
⑤カスピ
⑥バクー
⑦ジョージア
⑧イスタンブール
⑨シリア
⑩イスラエル
⑪死
⑫イラク
⑬ティグリス
⑭ユーフラテス
⑮ペルシャ（アラビア）
⑯ドバイ
⑰アラビア
⑱紅
⑲メッカ
⑳ザグロス
㉑テヘラン
㉒アフガニスタン

P.30-32
①ギニア
②コンゴ民主
③ケニア
④サハラ
⑤南アフリカ
⑥プレトリア
⑦ケープタウン
⑧ボツワナ
⑨ザンビア
⑩タンザニア
⑪ダルエスサラーム
⑫ヴィクトリア
⑬ナイロビ
⑭エチオピア
⑮ソマリア
⑯ナミビア
⑰ナミブ
⑱アンゴラ
⑲コンゴ
⑳ナイジェリア
㉑アブジャ
㉒ニジェール
㉓ガーナ
㉔コートジボワール
㉕モーリタニア
㉖アトラス
㉗エジプト
㉘カイロ
㉙ナイル
㉚スエズ
㉛モザンビーク
㉜マダガスカル

P.33
①アイスランド
②アイルランド
③イギリス
④ポルトガル
⑤スペイン
⑥フランス
⑦ルクセンブルク
⑧ベルギー
⑨オランダ
⑩デンマーク
⑪ノルウェー
⑫スウェーデン
⑬フィンランド
⑭エストニア
⑮ラトビア
⑯リトアニア
⑰ポーランド
⑱ドイツ
⑲スイス
⑳イタリア
㉑スロベニア
㉒オーストリア
㉓チェコ
㉔スロバキア
㉕ハンガリー
㉖ルーマニア
㉗ブルガリア
㉘セルビア
㉙クロアチア
㉚ボスニア・ヘルツェゴビナ
㉛モンテネグロ
㉜コソボ
㉝北マケドニア
㉞アルバニア
㉟ギリシャ
㊱マルタ
㊲ロシア
㊳ベラルーシ
㊴ウクライナ
㊵モルドバ

P.34-36
①ギリシャ
②アテネ
③ペロポネソス
④エーゲ
⑤クレタ
⑥ソフィア
⑦バルカン
⑧ドナウ
⑨ルーマニア
⑩トランシルヴァニア
⑪ハンガリー
⑫ブダペスト
⑬クロアチア
⑭アドリア
⑮スロベニア
⑯ポー
⑰パダノヴェネタ
⑱ヴェネツィア
⑲ミラノ
⑳ジェノヴァ
㉑アペニン
㉒ローマ
㉓ナポリ
㉔ヴェズヴィオ
㉕シチリア
㉖エトナ
㉗マルタ
㉘コルシカ（コルス）
㉙イベリア
㉚マドリード
㉛バルセロナ
㉜サンティアゴデコンポステラ
㉝リスボン
㉞ジブラルタル
㉟スエズ

P.37-38
①アルプス
②ポーランド
③ワルシャワ
④スデーティ（ズデーテン）
⑤チェコ
⑥スロバキア
⑦ドナウ
⑧オーストリア
⑨リヒテンシュタイン
⑩スイス
⑪ベルン
⑫バーゼル
⑬ライン
⑭フランクフルト
⑮ケルン
⑯ミュンヘン
⑰ベルリン
⑱ハンブルク
⑲エルベ
⑳ユーロポート
㉑アムステルダム
㉒ベルギー
㉓ブリュッセル
㉔ルクセンブルク
㉕パリ
㉖セーヌ
㉗ドーヴァー
㉘ローヌ
㉙マルセイユ
㉚カンヌ
㉛ニース
㉜ミディ
㉝トゥールーズ
㉞ピレネー

（解答 裏面に続く）

アトラスワーク
ATLASWORK

書いて身につく
楽しい地図・地名ドリル

解答

発行：株式会社 二宮書店
〒101-0047
東京都千代田区内神田 1-12-6
Tel 03-5244-5850
㉒ Fax 03-5244-5963

二宮書店

地図入門編　その3

縮尺が大きい？小さい？

ここで，「縮尺が大きい」，「縮尺が小さい」という表現について考えてみよう！

先ほどの東京スカイツリーのところでは，1/10000のように分数を使ったね。この分数の**分母の数値が小さいほど，縮尺の数値自体は大きく**（実際の大きさに近く）なるよ。

たとえば，1/100＝0.01＞1/1000＝0.001＞1/10000＝0.0001。

このように1/100の地図は1/10000の地図より「**縮尺が大きい**」という。

これとは反対に，分母の数値が大きく縮尺の数値自体が小さくなるような場合は「**縮尺が小さい**」という。たとえば，100万分の1の地図は，1万分の1の地図より縮尺が小さい，というような表し方をするよ。下の大阪市の地図を例にして，縮尺を考えてみよう。

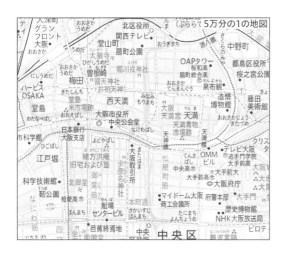

左側が5万分の1の地図で，右側が10万分の1の地図だ。縮尺の大きい左側の地図では，**描かれる範囲は狭い**けれど道路や地名が詳しくなるね。一方，右側の縮尺の小さい地図では，**描かれる範囲は広い**けれど，道路や地名の細かな状況などは省略されていてわかりにくい。

どうかな，「縮尺が大きい，小さい」のイメージは頭に入ったかな？

では次の問題で縮尺の大・小について理解を深めよう！

(1) 2万5千分の1の地図は，5万分の1の地図より縮尺が ①

(2) 5万分の1の地図は，2万5千分の1の地図より縮尺が ②

(3) 2万5千分の1の地図は，1万分の1の地図より縮尺が ③

(4) 1万分の1の地図は，2万5千分の1の地図より縮尺が ④

(5) 1万分の1と2万5千分の1と5万分の1の地図の中で，最も縮尺の大きい地図は
　　⑤　　　　　　　　　の地図である。

(6) 1万分の1と2万5千分の1と5万分の1の地図の中で，最も縮尺の小さい地図は
　　⑥　　　　　　　　　の地図である。

緯度と経度で位置を知る

　突然だけど, あなたは地球上のどこにいる？この質問の答えをみんなはどうやって他の人に伝えるかな。周りに見える風景を言ったり, 住所を言ったり…でも外国にいる人に日本の住所を伝えても位置のイメージはそう簡単には持ってもらえない。

へた(軸)に直角にスライス

へた(軸)

地球のつもり

これが緯線だ。

　そこで, 地球上のここという唯一の場所(絶対的位置という)を示すのに**緯度と経度**という方法を使うよ。これも地図のきまりの一つだから, しっかり学んでいこう。

　左下の図では東西(左右)方向, 右下の図では南北(上下)方向にそれぞれ線が引かれている。左下の図に書かれている線を**緯線**, 右下の図に書かれている線を**経線**という。仮に地球をリンゴに見立てて考えると, 軸に直角にスライスした切り口が ①　　　　　 で, 軸を通って縦に切った切り口が ②　　　　　ということになるね。実は, 緯線や経線は地球上のとある地点とそれぞれ基準となるところとの角度が同じになるところを結んだ線なんだ。

軸を通ってタテ割り

これが経線だ。

　では, それぞれどこが基準になって緯線や経線が引かれているのかな？緯線は輪切りの切り口が最も長い部分(左下の図の太い線)である ③　　　　　 が基準だ。赤道から北極点の方向は**北緯**, 赤道から南極点の方向は**南緯**と表すよ。一方, 経線はイギリスの旧グリニッジ天文台を通る ④　　　　　 (右下の図の太い線)が基準だ。この線から東側を**東経**, 西側を**西経**と表すよ。この2つを基準にして, 緯度だと赤道から北極, 赤道から南極にそれぞれ90度ずつ, 経度だと本初子午線から東西それぞれ180度ずつに分けて表すよ。緯度・経度とも緯線・経線によって示される角度を表すから, 単位は度(°)を使うんだ。

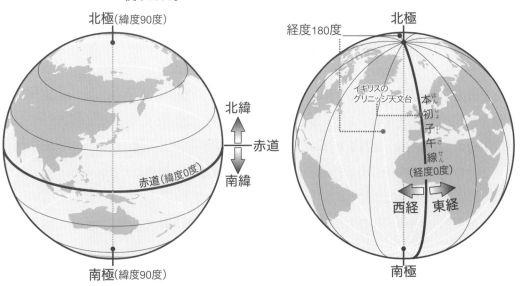

地図入門編　その5

緯度と経度を使ってみよう

それでは下の図を見ながら，Ⓐ, Ⓑ, Ⓒ, Ⓓ点の緯度とⒺ, Ⓕ, Ⓖ, Ⓗ点の経度を記入しよう。

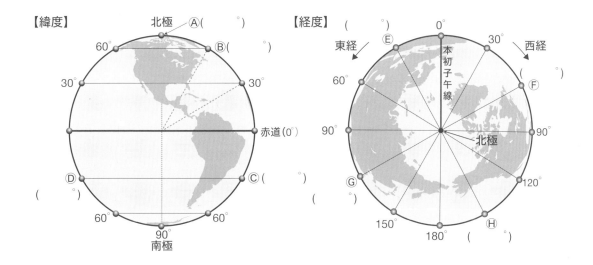

　まず，緯度は上の左の図を見ると，赤道は北緯でも南緯でも ①　　　度，北 極 点 が 北 緯 ②　　　度，南極点は南緯 ③　　　度となっているね。緯度は北緯45度を45°N，南緯45度を45°S（Nは北の意味のNorth，Sは南の意味のSouth）とも表す。また，緯度の値が大きい地域を**高緯度地域**，小さい地域を**低緯度地域**というよ。注意が必要なのは南半球で，北極を上にした一般的な地図や地球儀の場合，南極（下）にいけばいくほど緯度は大きくなり，高緯度地域になるからね。赤道付近の低緯度地域は暖かく，北極や南極の高緯度地域に向かうと寒くなるイメージが持てるかな？

　次に，上の右図の北極点上空からみた図を見てみよう。経度は東経，西経ともに本初子午線が ④　　　度になり，西経 ⑤　　　度は東経 ⑥　　　度と同じになることがわかるかな（東経180度＋西経180度＝360度）。経度は東経45度を45°E，西経45度を45°W（Eは東の意味のEast，Wは西の意味のWest）とも表す。

　緯度と経度を学んだところで，**対蹠点**（ある地点の地球の真裏の地点）を考えてみよう。上の図を見ると，図の中心を通って反対側がその裏側にあたるよ。北緯30度，東経90度の裏側は南緯30度，西経90度だね。ちなみに，東京とその対蹠点を地球儀上に線で結ぶと，東京を通る経線と直角に交わる。経線は北極と南極を結んでいて東京の南北方向を示しているから，東京とその対蹠点を結ぶ線は東京から見た東西方向を示すことになるんだよ。東京の東はアルゼンチンということがよくわかるね。

緯度と経度と都市の位置

　緯度や経度に着目して国や都市を比べていくと, 位置関係がよくわかるよ。例えばドイツやイギリスは北海道よりも北に位置している。赤道に注目すると, アフリカ大陸のほぼ中央を通り, 東南アジアではシンガポールのやや南, 南アメリカ大陸では北部を通っていることがわかるね。また, アフリカ大陸の南端に近い, 南アフリカの港町ダーバン付近は南緯30度, 東経30度なのに対し, 南アメリカ大陸の南端は南緯50度よりも南にあることがわかる。それでは各緯度ごとに見ていこう。

　北緯60度の緯線を西から東に見ていくと, ノルウェーの首都 ① 　　　　　　　 や, フィンランドの首都 ② 　　　　　　　 など北ヨーロッパの首都が見つかるね。さらに東に行くとロシアの大都市でかつてのロシア帝国の首都 ③ 　　　　　　　　　　 がある。ここは東経30度の経線も通る。

　次は北緯40度の緯線を西から東に見ていく。スペインやポルトガルのあるヨーロッパのイベリア半島やイタリア南部を通り, トルコの首都 ④ 　　　　　　　 やカスピ海, 中国の首都 ⑤ 　　　　　 付近を通っているね。さらに日本の ⑥ 　　　　　 県の八郎潟付近や北アメリカ大陸東岸のフィラデルフィア付近を通過しているよ。

　さらに**北回帰線**(北半球が夏至の時に太陽が真上から照る地点で, およそ北緯23.4度)を見ていこう。地図帳では点線で示されているね。アフリカにあるサハラ砂漠の中央を通り, オマーンの首都 ⑦ 　　　　　　　 付近やバングラデシュの首都 ⑧ 　　　　　 付近, 台湾の南部を通って, キューバの首都 ⑨ 　　　　　 付近を通る。一方, **南回帰線**(北半球が冬至の時に太陽が真上から照る地点で, およそ南緯23.4度)はマダガスカル南部やオーストラリア中央部, チリ北部やブラジル南部を通るよ。

　また, 各経度で見ていくと, 東経60度はウラル山脈やアラル海, 西経60度はブラジル西部やアルゼンチンを通っているよ。地球の真裏にあたる位置関係を確認できるかな。

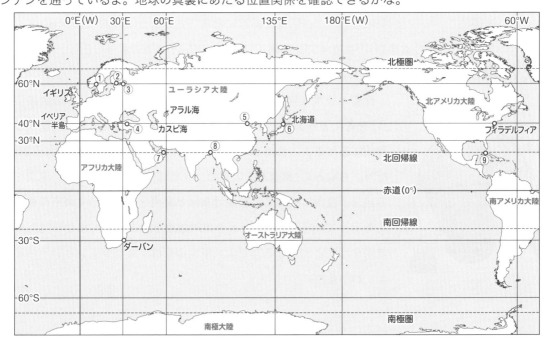

地図入門編　その7

時刻ってどう決まる？

　ニュースやスポーツの中継，SNSなどのライブ配信を見ていてわかるように，世界各地の時刻は同じではないね。このような時刻（時間）の差＝時差はどのような仕組みで生まれるのだろう？

　ここで図を見てみよう。図のように，地球は西から東へ反時計回りで1日に1回転している。1回転する時の角度は ① 度だね。1日は ② 時間だから，1時間では…

③ 度 ÷ ④ = ⑤ 度

　つまり，地球は1時間で ⑥ 度回転するんだ。

　ちょうどお昼時，太陽が真南にくるとき（これを太陽の南中という）を考えると分かりやすいと思う。地球は先ほど計算したように1時間に15度の割合で自転していて，太陽が南中する時刻（この時刻を正午という）も経度 ⑦ 度ごとに1時間ずれていくんだ。いつまでもその場所が「正午」なんてあり得ないからね。逆に考えると，例えばある2つの地点の正午を迎える時間の差が，3時間であった場合，この2つの地点の経度の差は

3 × ⑧ 度 = ⑨ 度となるね。

つまり時差は「経度15度ごとに1時間ずつ時間をずらせばよい」ということがわかるだろう。これが「時差の生まれる仕組みで，その結果，世界は24の**等時帯（等時刻帯）**にわけられているんだ。

　世界の時刻の基準は経度0度（**本初子午線**）を標準時子午線とする時刻で，グリニッジ標準時とよばれる。なお，日本は兵庫県明石市を通る東経135度が**日本標準時子午線**となる。

　左の図を見ると，東京とロンドンの時差は ⑩ 時間，東京とニューヨークでは ⑪ 時間もの時差があることがわかる。例えば，東京が1月1日で新年を迎えていても，世界にはまだ大晦日を過ごしているところもあるんだ。また，地球の真裏の関係にある地点では一般的に時差は12時間になるね。

地名の探しものなら索引へ

国の名前や都市名, それから川・海の名称など, それぞれの地名を探してその場所を知りたいときは, 地図帳の最後の方にある「索引」を使ってみよう(索引を使うことを「索引を引く」と言うよ)。

下の図を見ながら, カナダの都市「ヴァンクーヴァー」の調べ方を学んでいこう。

まず, 地図帳の索引で, 「ヴァンクーヴァー」を見つけよう。この図の例では, 「64A2N」となる。

索引の記載の仕方はそれぞれの地図帳によって異なるけれど, おおよそ次のように書かれている。

ヴァンクーヴァー　①64　②A　③2　④N

これらの数字やアルファベットは次のようなことを表していて, ①地図帳のページ数, ②経線間のアルファベット, ③緯線間の数字, ④経緯線で囲まれる四角の中で北側にあればN, 南側にあればSとなるんだ。ちなみに, ④でNもSも無い場合は四角の真ん中ぐらいに地名があることを示している。

では, 実際に探してみよう。まず, ①に従って 64ページを開くよ。

次に, ②のように ①　　　　　　(タテの線)間のアルファベット「A」を探す。

今度は, ③から ②　　　　　　(ヨコの線)間の数字「2」を見つけよう。

最後に, 経緯線で囲まれる四角の北側をみると, 「ヴァンクーヴァー」があるんじゃないかな?ちなみに, 同じ四角の中央には, 航空機産業や大リーグのチームがあることで有名な「シアトル」があり, 同じ四角の南側には「ポートランド」がある。索引はそれぞれ64A2と64A2Sだね。

今度は, 自分の出身地や学校の所在地, ニュースなどで興味を覚えた地名を索引で引いて地図帳から地名を見つけてみよう。

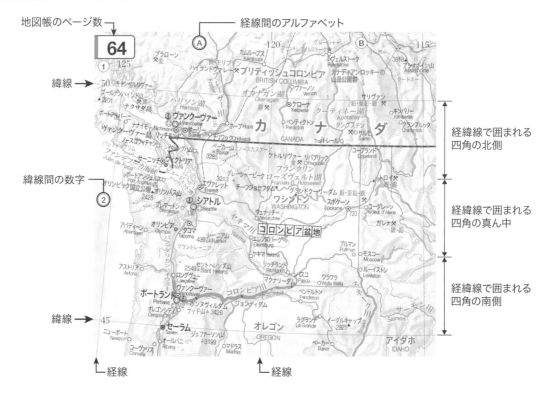

地図入門編　その9

地図記号はシンボルマーク？

次に，地図に使われている記号について調べてみよう。

右の写真は，千葉県 銚子市にある犬吠埼灯台。国の登録有形文化財にも登録されている。たとえばこの場所に灯台があることを地図上に表したいけれど，灯台をこのままの形で描くのはとても大変だ。そこで地図のきまりとして，建物や鉄道，空港などさまざまなものを記号に置き換えたんだ。これが**地図記号**というもので，記号として表すものが連想しやすくシンプルなものになるよう工夫されている。

下の表の空欄に，地図帳で使われる地図記号を書き込んでみよう。色分けが必要なものもあるので注意してね。

凡例		世界の凡例		日本の凡例	
峠		国界		天然記念物	
運河		高速鉄道		火力発電所	
油田		道路		灯台	
原油パイプライン		国際空港		神社	
温泉		海外領土記号 イギリス		城・城跡	

地図記号は地図帳だけでなく，いろんな地図に使われている。皆さんは地理の授業で地形や集落を学習する時に「**地形図**」という地図を見なかっただろうか。国土交通省の**国土地理院**が発行している地図の一つだ。2万5千分の1地形図や5万分の1地形図などが発行されている。現在ではインターネットで「**地理院地図**」を開くと，パソコンやタブレットなどで地図を見ることができるよ。この地形図にも多くの地図記号がある。ここではその記号と由来についてまとめておこう。茶畑の記号は，茶の実の形に由来したものであることなんて，知っていたかな？

記号	名称	由来	記号	名称	由来
∥	田	稲を刈り取ったあとの切り株	ᠰ	裁判所	裁判の内容などを知らせた立て札
∨	畑	種子から発芽した双葉	◇	税務署	そろばんの玉
╏	果樹園	りんご・なしなどの果実の形	⊗	警察署	警棒を交差させた形
∴	茶畑	茶の実	Y	消防署	火消し道具であった「さすまた」の形
Q	広葉樹林	ブナ・カエデなどの葉の形を記号化	文	小・中学校	「文」の字の形
∧	針葉樹林	マツ・スギなどの葉の形を記号化	⊗	高等学校	「文」を丸で囲んだもの
↓	ハイマツ地	木の形を記号化	⊞	図書館	本を開いた形を記号化
⺌	竹林	竹の葉を記号化	⾎	博物館	博物館や美術館などの建物の形
⺌	笹地	竹林記号の変形	⊞	病院	旧軍隊の衛生隊符号と赤十字章
⊥	ヤシ科樹木	やしの木をかたどったもの	⽿	老人ホーム	建物の中に「つえ」の形を記号化
⺽	荒地	雑草をかたどったもの	丼	神社	鳥居を正面から見た形
△	三角点	各三角点を結んだ三角網の一部	卍	寺院	まんじ（仏教のシンボルマーク）
⊡	水準点	水準点標石の上面の形	⼝	油井・ガス井	「井」の字の形
⧄	電子基準点	三角点と電波塔の記号を合わせたもの	☼	灯台	光源の平面形と光線の組み合わせ

練習問題に挑戦だ！（1）

ここでは，これまでに学んだ地図の「きまり」について，いくつかの問題を解いて，理解を深めよう。

問題1　まずは，方位から！「方位」に関する問題に答えよう。下の図を見てほしい。

（1）A点からみてC点の方位はどのように表すことができるかな？　①

（2）では，C点からA点を見たら？　②

（3）次に，A点から見たB点の方位はどのように表すことができるかな？　③

（4）では，B点から見てA点はどちらの方位にあるだろうか？　④

（5）もうひとつ，A点からD点を見たら，その方位はどうなるかな？　⑤

（6）では，B点からC点を見たら？　⑥

（7）C点からB点を見ると，その方位は？

　　　　　　　　　　　　　　　　　⑦

（8）最後に，D点から見てA点の方位はどのようにあらわすことができるかな？　⑧

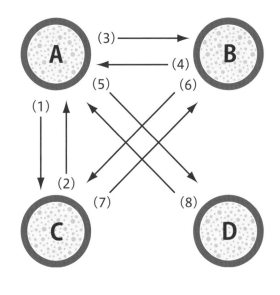

問題2　今度は緯度・経度の問題だ。下の図で，A〜Fの地点を緯度・経度を使って表してみよう。

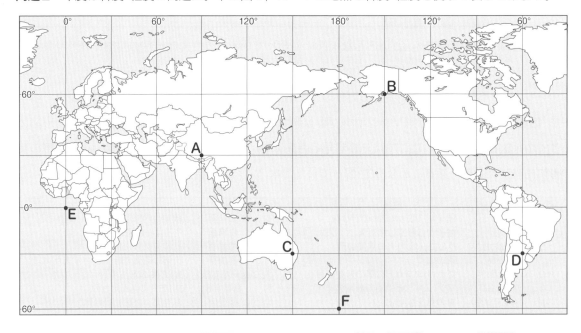

A	北緯	度，東経	度	D	緯	度，西経	度
B	北緯	度， 経	度	E	緯度	度，経度	度
C	緯	度， 経	度	F	緯	度，経度	度

練習問題に挑戦だ！ (2)

問題3　次に「縮尺」について復習してみよう。

　右の図は, 縮尺を「1:1 000 000」(100万分の1)にした中部地方の地図の一部だ。

　愛知県の県庁所在都市「名古屋市」と, 岐阜県の県庁所在都市「岐阜市」の距離を測ろう。

　それぞれの都市記号をつなぐように定規をあてるよ。名古屋市〜岐阜市間は直線距離で約3cmだ。いま見ている地図の縮尺は「1:1 000 000」だから,

　3 cm×1000000 ＝ ①_____ cm

(1m＝100cmだから, メートルにすると)＝② _____ m （1km＝1000mだから, キロメートルにすると)＝③_____ kmとなる。同じようにして, 名古屋市と豊田市の距離も測ってみよう。

　定規をあてると, 約2.6cm。先ほどと同じように考えて, 2.6cm×1000000 ＝ ④_____ cm ＝ ⑤_____ m ＝ ⑥_____ kmとなる。これは縮尺が100万分の1の例だけれども, 別の縮尺でも同様に, 地図帳の日本地図や都市図の場合には地図上の距離を測り, 縮尺にあわせて計算すると, おおよその距離をもとめることができるよ！

問題4　最後は, 国当てクイズだ！これは, 6ページで学んだ「国や都市の位置関係」の復習にもなる。地図帳を開いて挑戦してみよう！FとGは少し難しいのでヒントを。Fは赤道が, Gは北緯60度の緯線が通過しているよ。

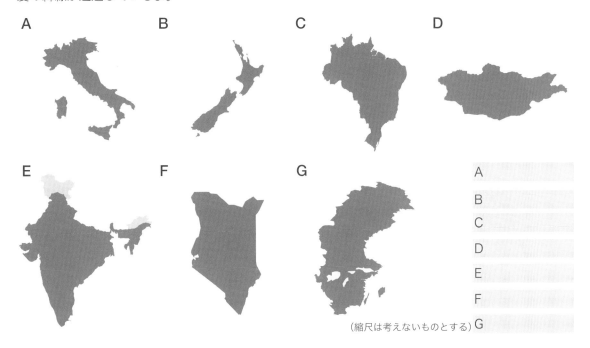

A

B

C

D

E

F

G

A _____

B _____

C _____

D _____

E _____

F _____

(縮尺は考えないものとする) G _____

日本の都道府県を覚えよう

　いよいよ日本を眺めていくことにする。ここではもっとも基本的な行政単位である「**都道府県**」について，その名称を確認しておこう。地図帳で「日本列島」や「日本の行政区分」などとタイトルがついたページや図を見てみよう。そのページを参考にして，都道府県名を空欄に記入しよう。

A：日本は47都道府県（1都1道2府43県）からなる。この中で都・道・府・県庁所在地の名称が都道府県名の表記と異なっている都市が18ある。その都市名を下の空欄に記入してみよう。

◎は都道府県庁の所在地。都市名を地図帳で調べてみよう。

B：周囲が海に面していない県（内陸県）が，8つある。県名を下の空欄に記入しよう。

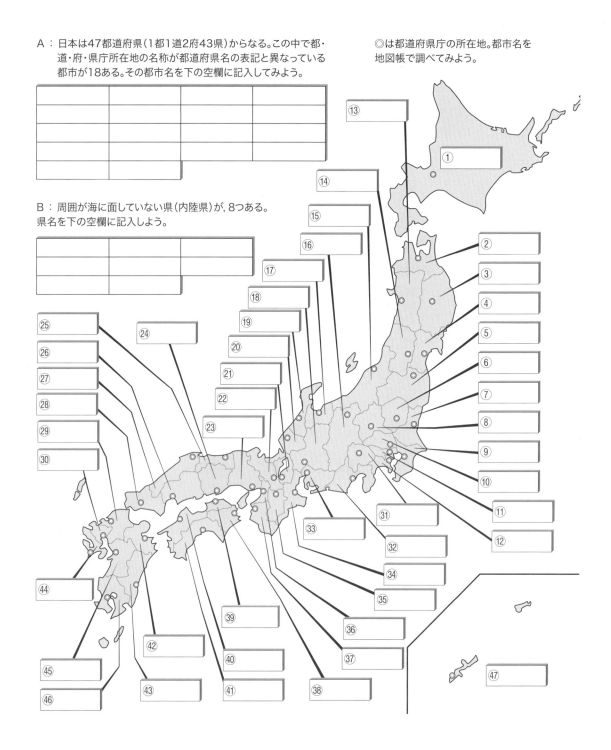

日本編　その2

日本の地形も覚えよう

次に, 山脈や河川など日本の地形を見ていくことにしよう。

さっき学習した都道府県をいくつもまたがるような山脈や河川もあるので, 位置と名称はしっかり覚えていこう。では, 空欄に山脈・山地・高地や平野, 河川, 湖沼の名称を記入してみよう。

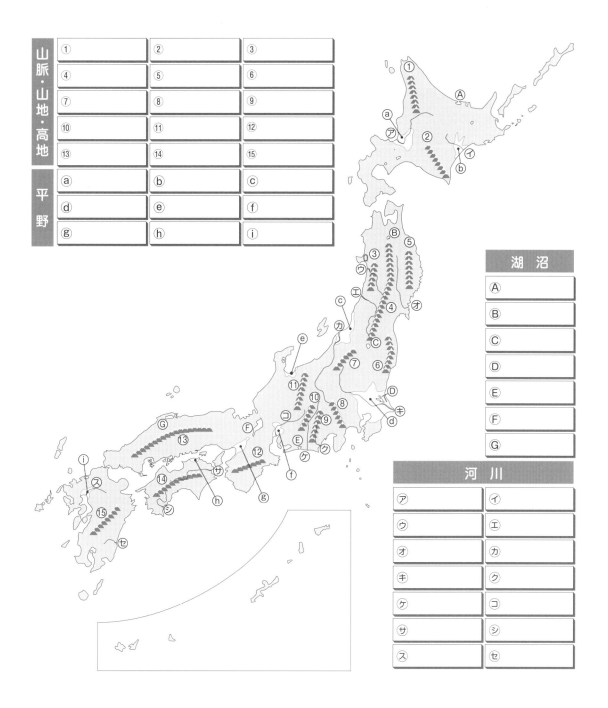

山脈・山地・高地		
①	②	③
④	⑤	⑥
⑦	⑧	⑨
⑩	⑪	⑫
⑬	⑭	⑮

平野		
ⓐ	ⓑ	ⓒ
ⓓ	ⓔ	ⓕ
ⓖ	ⓗ	ⓘ

湖　沼
Ⓐ
Ⓑ
Ⓒ
Ⓓ
Ⓔ
Ⓕ
Ⓖ

河　川	
㋐	㋑
㋒	㋓
㋔	㋕
㋖	㋗
㋘	㋙
㋚	㋛
㋜	㋝

日本の位置

　ここでは日本の領域について確認しよう。下の図は「日本の国家領域」を示したものだ。自分の地図帳で日本全体が描（えが）かれているページ（「日本の位置」といったタイトル）を開こう。

　日本は　①　　　　　洋（東・南側），②　　　　　海（西・北側），③　　　　　　　　　海（北側），そして④　　　　　　　海（南西）４つの海に囲（かこ）まれていて，知っての通り，陸続きで国境を接する国はない。外国のことを海外と表現するのは，日本や同じく海に囲まれたオーストラリアなどに限られているんだ。日本は，ユーラシア大陸東部で太平洋側に弓形に続く島々　**（弧状列島**（こ じょう）**）**となっていることがわかるね。

　ここからは，日本の国境を確認していこう。日本の北端は　⑤　　　　　島の**カモイワッカ岬**。ただし，この地域には**北方領土問題**（ほっぽうりょう ど）があるよ。北方領土とは，⑤島，⑥　　　　　島，**色丹島**（しこたん），そして**歯舞群**（はぼまいぐん）**島**（とう）のこと。日本固有の領土であり，現在占拠（せんきょ）しているロシアに対して返還を要求しているんだ。次に，東端は　⑦　　　　　島で，南端は　⑧　　　　　島，西端は　⑨　　　　　島だよ。⑨島は台湾とは約110kmしか離れていないんだ。これらの島によって，**排他的経済水域**（はい た てきけいざいすいいき）**（**200海里（かい り）までの範囲内で設定される水域。**EEZ**と表現することもある。**）**の面積が大きく広がり，水産資源などの確保や地下資源の開発につながっているんだ。よく「小さな島国」と称される日本だけれど，地図を見ると排他的経済水域はとても広いことが確認できるね。⑧島は小さな島で侵食（しんしょく）が激しく，放置すれば海に沈んでしまう可能性があるので，領土とその排他的経済水域を守るために大規模な護岸工事をしているよ。

　北方領土問題以外にも，島根県にある　⑩　　　　　島を巡って韓国と領有権問題があるし，沖縄県の⑪　　　　　諸島は中国が領有権を主張している。これから社会に出る皆さんには，日本が抱えるこれらの課題についても正しく理解して，適切に判断してほしい。

　さて，今度はもう少し大きい縮尺の地図（スマートフォンの地図では２本の指で広げる感じかな？）を使って，日本の各地方を見ていくよ。まずは，九州・沖縄からだ！

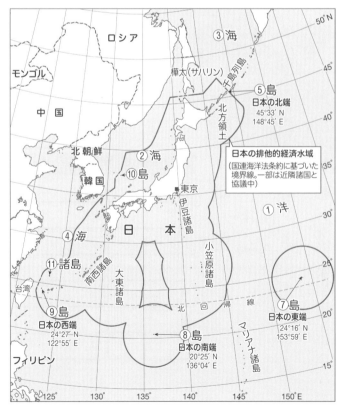

日本編　その4

九州地方

それでは, 日本の最西端の ①　　　　　島 から日本列島を北上していこう。ここから北東は前のページで紹介した**尖閣諸島**があるね。まずは**石垣島**, **宮古島**を通過しながら沖縄県の県庁所在地である ②　　　　市まで行こう。**琉球**王朝時代のお城である**首里城**は知っているかな？。沖縄島中北部にある**辺野古崎**は基地建設問題でよく報道されている場所だ。

奄美群島から鹿児島県に入って北上すると, 鉄砲の伝来地で宇宙センターもある ③　　　　島や, 世界自然遺産の ④　　　　島があるね。そして九州へ上陸。鹿児島湾の**桜島**では火山の噴火が続いている。火山による地熱の恵みをいかした**薩摩半島**南東側にある ⑤　　　　温泉の砂風呂は有名だね。

さて, 九州中央部の ⑥　　　　山地をはさんで東側は宮崎県。**宮崎平野**が広がり, 温暖な気候でピーマンやきゅうりの栽培が盛んだ。一方, 西側の熊本県に向かうと, 2020年に大規模な氾濫があった ⑦　　　　川が流れているね。熊本県の北部にある ⑧　　　　山は, 火山の噴火でできた鍋のような地形である**カルデラ**がよく知られているよ。火山つながりで, 大分県の ⑨　　　　や**湯布院**の温泉も確認しておこう。今度は西に移動して, 長崎県だ。大規模な噴火があった南東部の ⑩　　　　半島や西部の**五島列島**, 熊本県の

別府温泉
九州屈指の温泉地で源泉数・湧出量とともに日本一！

⑪　　　　諸島などにある聖地や集落は潜伏キリシタン関連の世界遺産に登録されている。長崎半島の西側にある**端島**は, かつての海底炭鉱の拠点で「**軍艦島**」の名で知られる。県北部の ⑫　　　　市はかつて軍港があり, 今も造船業が盛んだ。東に進むと佐賀県だ。**唐津**や**伊万里**, **有田**などは陶磁器で知られている。**筑後川**が注ぐ ⑬　　　　海は海苔の産地だよ。弥生遺跡の ⑭　　　　遺跡もあるね。最後は福岡県に入ろう。⑮　　　　天満宮は学問の神様が祀られているね。九州最大の**福岡市**は山陽・九州新幹線の起点だ。博多どんたくなどの祭りでも知られている。北部の ⑯　　　　市には, **八幡製鉄所**が置かれているね。福岡県(北九州市の**門司**)と山口県(下関市)に挟まれた ⑰　　　　海峡を渡って, 本州に行こう。

中国地方・四国地方

中国地方を西からたどって行こう。**下関**は, 初代内閣総理大臣の伊藤博文が食べたことでふぐ料理が有名になったんだ。**山陽小野田**や**宇部**には大規模なセメント工場があって, これは石灰岩でできた ① 　　　 台のカルスト地形が関係しているよ。ここから中国山地の北側, **山陰地方**へ進むよ。島根県の ② 　　　 銀山遺跡は世界遺産になっているね。縁結びの神様でも知られている ③ 　　　 大社は, しじみで有名な ④ 　　　 湖の西側にある。島根県の県庁所在地である ⑤ 　　　 市を東に行くと, 鳥取県に入り, 大きな漁港と妖怪漫画による街おこしで知られる ⑥ 　　　 市がある。⑦ 　　　 山は, 伯耆富士ともよばれ, ミネラルウォーターの採水地としても知られているよ。**鳥取砂丘**は一度は写真を見たことがあるだろう。鳥取空港は, 県出身の漫画家の作品にちなみ鳥取砂丘コナン空港の愛称があるよ。

次は中国山地の南側, **山陽地方**だ。中国地方最大の都市, ⑧ 　　　 市がある広島平野は河川の河口部にできる**三角州**上にあるよ。安芸の ⑨ 　　　 島で知られる ⑩ 　　　 神社は世界遺産だ。**呉**は戦艦大和

瀬戸内しまなみ海道
「サイクリングロード」は
日本で初の海峡横断自転車道

が造られたかつての軍港としても知られている。さらに東に行くと, 坂の町 ⑪ 　　　 がある。ここから愛媛県へは, しまなみ海道で繋がっていて, サイクリングで**瀬戸内海**を渡る観光客もいるよ。岡山県に入って ⑫ 　　　 市には**水島**コンビナートがあるよ。岡山市には, 日本三大庭園の一つ**後楽園**がある。ここから鉄道や自動車で南に進むと, ⑬ 　　　 大橋を渡って四国, 香川県に渡るよ。瀬戸内海の ⑭ 　　　 島はオリーブの産地で有名だ。

四国の北東にある香川県の県庁所在地は ⑮ 　　　 市だ。⑯ 　　　 平野が広がっていて, 西に向かって進むと**金刀比羅宮**がある。讃岐うどんは全国的に知られているね。さらに西へ行くと愛媛県だ。先ほどのしまなみ海道は ⑰ 　　　 で四国に入る。タオルが特産品だね。県庁所在地のある ⑱ 　　　 市には夏目漱石の『坊ちゃん』に出てくる ⑲ 　　　 温泉がある。その西には, この地域の旧国名がそのまま地名になり, **伊予柑**という果物の名前にもなっているよ。**四国山地**の ⑳ 　　　 山は四国で最高峰なんだ。四国山地をはさんで南側は高知県だ。高知県は, 西部に清流として知られている ㉑ 　　　 川が流れ, 南東部には ㉒ 　　　 岬が太平洋に突き出ている。この付近は階段状の地形である**海岸段丘**の典型だね。最後は, 徳島県。旧国名からついた阿波踊りなどは聞いたことがあるだろう。東西には ㉓ 　　　 川が流れ, 渦潮で知られる**鳴門海峡**を渡ると兵庫県だ。

日本編　その6

近畿地方

まずは兵庫県から近畿地方をみていくよ。瀬戸内海にある ① ＿＿＿＿島から**明石海峡大橋**を渡ると東経135度の日本の**標準時子午線**が通っている ② ＿＿＿＿市だね。ここから西へ進んだ ③ ＿＿＿＿市には,世界遺産に登録された城があるね。兵庫県の県庁所在地は港町として知られている ④ ＿＿＿＿市だ。その北東には ⑤ ＿＿＿＿山地があり,ここから吹き下ろす風は地元のプロ野球球団の応援歌の曲名にもなっているよ。その南東の**西宮市**には,高校野球の全国大会で有名な野球場があるね。

東に行くと大阪府だ。江戸時代には物資の集散地として栄え,**天下の台所**とよばれたんだよ。北東部から流れる ⑥ ＿＿＿川は ⑦ ＿＿＿＿湾に注いでいるね。⑧ ＿＿＿＿国際空港は人工島に作られたんだよ。大阪府から南へ行くとみかんや梅,林業で有名な和歌山県だ。⑨ ＿＿＿＿川の河口に県庁所在地の**和歌山市**があるね。県南部の白浜は,海水浴や温泉などを楽しめるリゾート地として知られているよ。和歌山県の最南端は**潮岬**。本州最南端でもあるよ。そこから北東に進んで三重県に行くと,東へと突き出している ⑩ ＿＿＿＿半島がある。**伊勢神宮**や真珠の養殖で知られているね。県庁所在地の ⑪ ＿＿＿市を通って北上するとコンビナートで有名な ⑫ ＿＿＿＿市がある。この市が面している ⑬ ＿＿＿＿湾は1959年に大規模な台風被害に見舞われたんだ。

伊根の舟屋
海に接して建てられた
伝統的家屋で、船を海から
引き上げて風雨や虫から守る

紀伊半島の中央部には奈良県がある。南は ⑭ ＿＿＿＿山地があり,山地や丘陵が多い県だね。県庁所在地の ⑮ ＿＿＿市がある奈良盆地は文化財が集まる古都として知られているね。東大寺の大仏は歴史の授業でみんな知っているだろう。そのまま北上すると,京都府に入って,**平等院**やお茶の産地で有名な**宇治市**を通り,その北には世界的に知られている古都 ⑯ ＿＿＿＿市がある。京都府の北部が日本海に面しているのは知っていたかな。⑰ ＿＿＿＿立は景勝地として有名だ。日本三景の一つだね。

あくまで
イメージです…。

忍び(伊賀衆・甲賀衆)
忍びの技術が重宝され
各地の大名に仕えて
いたとされる

近畿地方最後は,滋賀県だ。日本一大きい湖の ⑱ ＿＿＿＿湖があるね。その東側にある ⑲ ＿＿＿市は,かつてこの地にあった城のゆるキャラでも知っているかな。県庁所在地は ⑳ ＿＿＿＿市。県南部の**信楽**は焼き物の町として知られているよ。滋賀県は周囲が山地に囲まれていることがわかるね。南東部の ㉑ ＿＿＿＿山脈を越えると三重県に入る。北部の**伊吹山地**を越えると中部地方の岐阜県だ。続いてはその中部地方を見ていこう。

中部地方

ここからは中部地方だ。日本海側は**北陸地方**とよばれるね。北陸地方1つ目は福井県。①⬚⬚⬚市からは, 日本海に航路を持つ船が出ているんだ。県庁所在地②⬚⬚⬚市の南には, 国産眼鏡（めがね）フレームの一大生産地である**鯖江市（さばえし）**があるよ。北に進んで石川県に入ろう。③⬚⬚⬚空港は空の玄関口だ。その北には県庁所在地である④⬚⬚⬚市がある。県の北部に突き出した半島は⑤⬚⬚⬚半島だ。この南東には富山県があるよ。県庁所在地は⑥⬚⬚⬚市だ。さらに日本海側を東に進むと, 新潟県に入る。県庁所在地の⑦⬚⬚⬚市は長野県から流れてくる, 日本一長い⑧⬚⬚⬚川の河口にあるんだね。日本海の沖合の⑨⬚⬚⬚島は金の産出などで江戸時代に栄（さか）えたんだ。

続いて南に進んで長野県に入ろう。長野県は多くの都市が大きな盆地の中にあるのが特徴だ。北部には県庁所在地の⑩⬚⬚⬚市があるよ。東部の佐久市は観光地**軽井沢（かるいざわ）**の近くだね。中央部には県内第2の都市である⑪⬚⬚⬚市がある。この南にある⑫⬚⬚⬚湖は県内最大の湖だね。南部の⑬⬚⬚⬚市はリニア中央新幹線の駅が建設される予定だよ。この予定線を東へ向かって, 山梨県に入ろう。県庁所在地は⑭⬚⬚⬚市だ。ももやぶどうなど果物の生産が盛（さか）んな盆地の中心にあるね。山梨県は日本一高い⑮⬚⬚⬚山（標高3,776m）を挟（はさ）んで南側の静岡県と接しているんだね。

ここから太平洋側に面した**東海地方（とうかい）**とよばれる地域に入ろう。静岡県の東部には⑯⬚⬚⬚半島が突き出ているね。**駿河湾（するが）**を挟んで西側に県庁所在地の⑰⬚⬚⬚市があるよ。西に進み, 江戸時代に東海道の難所であった⑱⬚⬚⬚川や, 長野県の⑫湖から流れる**天竜川（てんりゅうがわ）**を渡って, **浜松市（はままつ）**に向かおう。⑲⬚⬚⬚湖はうなぎの養殖で知っているかな。

長良川の鵜飼（うかい）
我が国の古代漁法として伝承されてきた岐阜県長良川の鵜飼漁

さらに西へ進んで愛知県に入るよ。県庁所在地である⑳⬚⬚⬚市から南東に進むと自動車関連産業が集まる㉑⬚⬚⬚市があるね。㉒⬚⬚⬚国際空港は, セントレアの愛称を持ち, 人工島にあるよ。中部地方最後は, 岐阜県（ぎふ）だ。県庁所在地の㉓⬚⬚⬚市の中心部を流れるのは㉔⬚⬚⬚川。同じ岐阜県内を流れる木曽川（きそ）, 揖斐川（いび）とあわせて**木曾三川（きそさんせん）**というよ。河口部の**濃尾平野（のうび）**は河川の氾濫による水害への工夫が見られる地域があるよ。県北部の㉕⬚⬚⬚郷は**合掌造り（がっしょうづくり）**の集落が世界遺産に登録されているね。

中部地方は標高が高い山地が多かったね。**飛騨山脈（ひだ）, 木曽山脈, 赤石山脈**の3つをあわせて**日本アルプス**というんだ。

日本編　その8

関東地方

続いて関東地方を見ていこう。地図帳を見ると標高の低い(緑色)部分と市街地(黄色)の部分が広がっているね。この**関東平野**を中心に関東地方には日本の人口の約3分の1が住んでいるんだよ。まずは神奈川県。芦ノ湖のある**箱根**は温泉地として有名だね。①　　　　半島の付け根に位置し, かつて幕府が置かれたことがあるのは②　　　市。県庁所在地のある③　　　　市は日本で一番人口の多い**政令指定都市**だね。神奈川県には他にも, 東京都との県境にあたる多摩川の河口で工業地帯がある**川崎市**と内陸のベッドタウンである**相模原市**が政令指定都市なんだ。

東京都に入ろう。日本の政治や経済などの中枢として機能している。西部は山林が多く, 東に向かうと一気に人口が多くなる。東京都には大島などの**伊豆諸島**と世界遺産の**小笠原諸島**も含まれるよ。

次は埼玉県。県庁所在地④　　　　　　市にある**大宮駅**は東北新幹線と上越・北陸新幹線の分岐点だ。ここから北西にある⑤　　　　市は小江戸(江戸時代の風情を残す町)として知られている。県西部の⑥　　　　盆地の周辺は**石灰石**の産地として有名だ。

続いて東にある千葉県をみていくよ。千葉県は南に突き出した⑦　　　　　半島の形が特徴的だね。東京都からは東京湾⑧　　　で**木更津市**と繋がっている。北西部の**市川市**や**船橋市**, 県庁所在地の⑨　　　　市などは住宅地の多いベッドタウンだね。東京都とすぐ近くの⑩　　　市にある, 日本で一番入場者数の多いテーマパークには行ったことがあるかな。東部の弧を描いた全長60kmをこえる砂浜海岸は⑪　　　　浜, その北の漁業が盛んな⑫　　　　市には**犬吠埼**があるよ。このまま北上して⑬　　　　川を渡り, 茨城県に入ろう。

南東部には日本で二番目に大きい湖である⑭　　　　浦があるよ。その北には県庁所在地である⑮　　　　市がある。沿岸部の工業都市で, サッカーチームの本拠地がある⑯　　　　市や, 電機メーカーの創業地である⑰　　　　市などは知っているかな。西へ進んで栃木県に入るよ。県庁所在地は⑱　　　　市だ。路面電車による新しい都市交通システムの整備が計画されているよ。東照宮のある⑲　　　　市は有数の観光地となっている。そこから南西にある⑳　　　銅山では銅の採掘がされていたんだ。関東地方の最後は群馬県だ。県庁所在地は㉑　　　市なのだけれど, 上越新幹線と北陸新幹線の分岐駅は㉒　　　市にあるよ。県北西部の㉓　　　温泉は古くから人々に親しまれているね。また北にある㉔　　　山脈を越えると新潟県だ。次は東北地方へ入ろう。

アクアライン・海ほたる
東京湾アクアライン上にある
海上パーキングエリア

東北地方

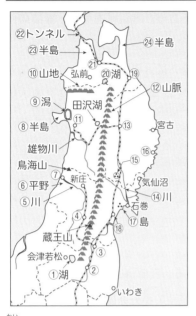

ここからは東北地方だ。南の福島県から見ていくよ。県中央部にある湖が ① ＿＿＿＿＿＿ 湖だ。その西には**会津若松市**があるね。幕末にいた**白虎隊**は聞いたことがあるかな。この湖を東に行くと ② ＿＿＿＿＿ 市があるよ。県庁所在地は ③ ＿＿＿＿＿＿ 市だけど, 実は人口が②市, 県南東部の**いわき市**に続いて第3位なんだ。ここで分岐する山形新幹線をたどって山形県に入ろう。

樹氷で有名な蔵王山の北西に県庁所在地の ④ ＿＿＿＿ 市がある。松尾芭蕉の俳句に詠まれた ⑤ ＿＿＿＿ 川を下っていくと, 下流には ⑥ ＿＿＿＿ 平野が広がり, 河口には ⑦ ＿＿＿＿ 市があるね。江戸時代に日本海を行き来した**北前船**の寄港地として発展したんだ。山形県の北西, 県境には鳥海山がある。ここから秋田県に入ろう。県の北西に位置しているのは ⑧ ＿＿＿＿ 半島。東にある ⑨ ＿＿＿＿ 潟では大規模な干拓がなされたんだ。ここはちょうど北緯40度と東経140度が交わる地点だ。北部の青森県との県境にはブナ林で有名な世界遺産の ⑩ ＿＿＿＿ 山地があるね。ここから南に戻って県庁所在地の ⑪ ＿＿＿＿ 市から秋田新幹線をたどって東に進むよ。**田沢湖**は日本で最も深い湖で水深は423mもある。⑫ ＿＿＿＿ 山脈を東に越えて岩手県に入ろう。

なまはげ
秋田県の伝統芸能
無病息災や豊作などを祈願する

県の北部から県庁所在地の ⑬ ＿＿＿＿ 市を通り南へ流れるのは ⑭ ＿＿＿＿ 川。県の南部には金色堂で知られる世界遺産の中尊寺などがある ⑮ ＿＿＿＿ があるね。沿岸部は**三陸復興国立公園**になっていて, 入り組んだ**リアス海岸**が見られるよ。浄土ヶ浜のある**宮古市**や, ラグビーワールドカップの会場になった製鉄の街 ⑯ ＿＿＿＿ 市などがあるね。ここで南側の宮城県を見よう。北東部にある**気仙沼市**は漁業で有名だね。**石巻市**の西には日本三景で知られる ⑰ ＿＿＿＿ 島があるよ。県庁所在地は ⑱ ＿＿＿＿ 市。東北地方の中心都市だ。東北地方の最後は最北にある青森県。東部の新幹線の駅があるのは ⑲ ＿＿＿＿ 市だね。県中央の**八甲田山**の南に位置する湖は ⑳ ＿＿＿＿ 湖だよ。湖の西には城下町の**弘前市**があって, 県庁所在地は ㉑ ＿＿＿＿ 市だ。ここから北海道の**函館**へ連絡船が出ている。現在は北海道新幹線が開通し, ㉒ ＿＿＿＿ トンネルでも結ばれているよ。この新幹線が通る ㉓ ＿＿＿＿ 半島と陸奥湾を挟んで東側は ㉔ ＿＿＿＿ 半島となる。それでは北海道に入ろう。

七夕祭り
仙台で行われている七夕祭りは
特に大規模に開催される

日本編　その10

北海道地方

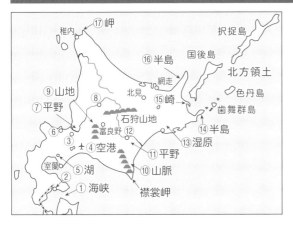

青森県から ①　　　　海峡を渡って入る渡島半島南部の港町は ②　　　　市。夜景の美しさで知られている。北海道新幹線の予定線上の長万部や倶知安を通って北上していくよ。それらの地名を見つけられたかな。北海道の地名はアイヌ語が由来になっているものが多くなっているね。道庁所在地は ③　　　　市だ。北海道で最も大きな空の玄関口はこの市から南東に位置している ④　　　　空港だよ。そこから西にある支笏湖や，⑤　　　　湖は火山の噴火口に水がたまったカルデラ湖だ。北に行って石狩湾に面した，観光地にもなっている港町は ⑥　　　　市で，北海道新幹線の駅も作られる予定だ。石狩川の下流の ⑦　　　　平野は有数の米どころだね。川を上っていくと北海道中央部の中心都市 ⑧　　　　市がある。市内の動物園がユニークな展示方法で話題になったね。北海道の地図は，ほかの地方の地図とくらべて縮尺が小さく北海道の広大さに気づきにくいから，旅行の計画を立てる時は注意だよ。南に進んで ⑨　　　　山地の西側はかつて炭鉱で栄えた町が並ぶ。東側にはドラマの舞台にもなった牧場やラベンダー畑の広がる富良野があるね。⑩　　　　山脈の南部には襟裳岬があり，東部にはジャガイモや酪農品の産地で知られている ⑪　　　　平野がある。その中心にある都市は ⑫　　　　市だね。

シマエナガ
北海道に主に生息する鳥
その愛らしい姿が人気に

さらに東へ進むと，タンチョウの繁殖地などで知られる ⑬　　　　湿原がある。北海道最東端の ⑭　　　　半島からは北方領土が見えるんだ。根室湾の北を進むと沿岸流によって作られた鳥の嘴のような特徴的な形の（砂嘴というよ）⑮　　　　崎があるね。さらに北に進んで，北東部の ⑯　　　　半島はその雄大な自然が世界自然遺産に登録されているよ。

ここから北西に進みオホーツク海側の地域を見ていこう。映画の舞台となった有名な刑務所がある街は網走市。砂州で隔てられたサロマ湖，港町の紋別市と進み，北緯45度を越えて稚内市があるね。北海道の最北端は ⑰　　　　岬だよ。ここで日本をめぐる旅はおしまいだ。よく知っているはずの日本でも地域によって地形（地図帳では標高が色で表現されるね）や都市の分布が大きく異なることがわかったかな。それでは世界編に進もう。

砕氷船（これは観光用）
オホーツク沿岸に毎年流れつく
流氷を楽しむ遊覧船

世界を知ろう

これから世界を詳しく見ていく前にウォーミングアップだ。

下の図を見ながら世界の陸地や海の位置を確認しよう。赤道との関係で見ると，今後もわかりやすいよ。まず，赤道をなぞってみよう。

世界には五大陸と呼ばれる大陸があるね。赤道が中央部を通る ① ＿＿＿＿＿ 大陸，ヨーロッパとアジアを合わせた ② ＿＿＿＿＿ 大陸(Europe+Asia=Eurasia)，大陸の全てが南半球にある ③ ＿＿＿＿＿ 大陸，**太平洋**と**大西洋**(一文字目の漢字は異なるので注意！)にはさまれた ④ ＿＿＿＿＿ 大陸，赤道が北部を通る ⑤ ＿＿＿＿＿ 大陸のことだよ。これに，一番南にある**南極大陸**を合わせて**六大陸**というよ。

また，大陸を中心として世界の陸地をいくつかの地域に区分したものを**大州区分**という。地球上での地方区分だね。例えば，オセアニアにはオーストラリア大陸とその周辺の島々が含まれる。日本も含まれるアジアは，さらに東アジア，東南アジア，南アジアのように細かく区分されているところもあるよ。地理の授業やニュースなど，日常生活で耳にするアジアやヨーロッパという言葉は，大州区分されたものを指すことが多いんだ。

次に，海洋部分を見てみよう。地球の総面積は**約5.1億km²**で，そのうち海洋部分はなんと**約3.6億km²**もある。残りの**約1.5億km²**が陸地面積で，海洋部分と陸地部分のおおよその比率は7:3になるよ。海洋の中で大きな面積を占めるのが，地図帳にも載っている ⑥ ＿＿＿ 洋，⑦ ＿＿＿ 洋，そして ⑧ ＿＿＿ 洋で，これらの海洋を**三大洋**というんだ。

それでは，地図帳の表紙をめくって「世界の国々」というページを開こう。世界で200近くある国の名称や位置，首都名を一度に見ることができるよ。

アジアには多くの国があるね。日本もここに含まれる。人口が10億人を超える国では，ペキン(北

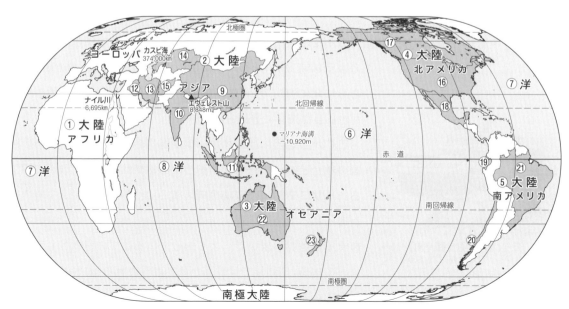

京）を首都とする ⑨ 　　　　　　　　　やデリーを首都とする ⑩ 　　　　　　がある。人口が
２億人をこえ，経済成長しているジャカルタを首都とする ⑪ 　　　　　　　　や，バグダッドを首
都とする ⑫ 　　　　　に，カスピ海の南に位置し，テヘランを首都とする ⑬ 　　　　　などもアジ
アの国々だよ。ヌルスルタンを首都としている ⑭ 　　　　　　　　　や，カブールを首都としている
国 ⑮ 　　　　　　　　　など，アジアの中には「〜スタン」という名前の国が多くあることに気づい
たかな。これはペルシャ語で「〜の国，土地」をあらわすんだ。

　北アメリカには，東側に首都のワシントンD.C.やニューヨーク，西側にロサンゼルスなどの大都市
がある ⑯ 　　　　　　　　　や，その北のオタワを首都とする ⑰ 　　　　　　に，メキシコシティ
を首都にもつ ⑱ 　　　　　　など馴染（なじ）みのある国が多い。

　南アメリカには，赤道直下の首都キトがある ⑲ 　　　　　　　　　や，サンティアゴを首都として国
土が南北に長い ⑳ 　　　　　に，内陸部の計画都市ブラジリアが首都の ㉑ 　　　　　　　などがある。

　オセアニアでは，日本のほぼ南にあって日本との時差が少なく，人工的につくられた計画都市キャン
ベラを首都としている ㉒ 　　　　　　　　　や，ウェリントンが首都の ㉓ 　　　　　　　　　
などが代表的な国だ。

　最後に，世界の山脈や河川の名称などを頭に入れておこう。地形のページや地図帳の裏表紙（名前を
書く欄がある方だよ）をめくって「世界の地形」の図を見ながら下の空欄に記入してみよう。

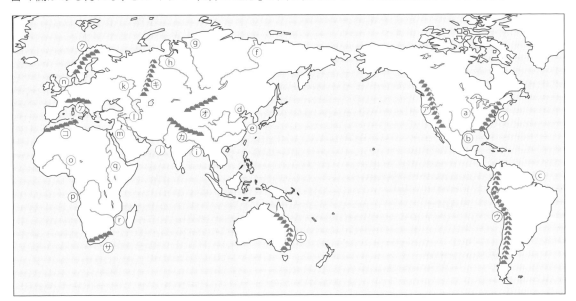

山脈	㋐	㋑	㋒	㋓	㋔	㋕
	㋖	㋗	㋘	㋙	㋚	
河川	ⓐ	ⓑ	ⓒ	ⓓ	ⓔ	ⓕ
	ⓖ	ⓗ	ⓘ	ⓙ	ⓚ	ⓛ
	ⓜ	ⓝ	ⓞ	ⓟ	ⓠ	ⓡ

東アジア

　さあ, 東アジアから世界一周の旅に出かけよう。日本から**対馬海峡**を渡って**韓国(大韓民国)**へ渡ると第２の都市 ① _____ がある。造船業などが盛んだね。首都は北部にある ② _____ だ。韓国は人口のおよそ半数が首都圏に住んでいるよ。③ _____ はハブ空港や国際的な港としても知られているね。北緯38度付近の軍事境界線を越えると ④ _____ (**朝鮮民主主義人民共和国**)だ。首都は**ピョンヤン(平壌)**でさらに北上し**ヤールー川(鴨緑江)**を渡ると**中国(中華人民共和国)**に入る。

　まず, 朝鮮半島から西を見ると渤海があって, そこに突き出している半島が ⑤ _____ 半島だ。この半島から北側は東北地方とよばれている。半島の先端には日系企業が多く進出する都市 ⑥ _____ があるね。さて, 中国は日本の約25倍という広大な国土が広がっていて, 国土の東西の幅も広いのに, 時差を定めずみんな同じ時刻で生活している。民族は人口の９割を漢民族が占めるけど, 50をこえる少数民族もいるんだよ。

兵馬俑
古代中国で亡くなった人とともに
埋葬された像

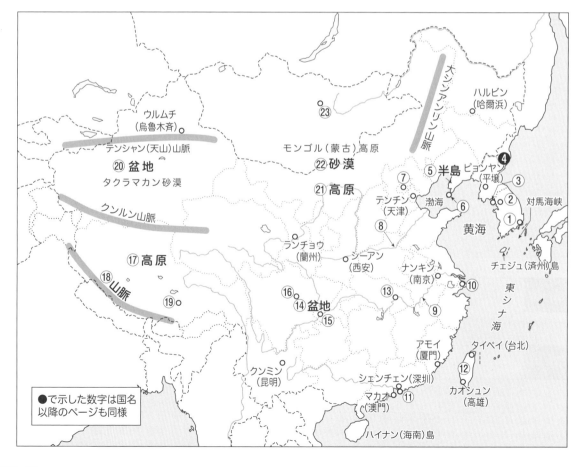

●で示した数字は国名
以降のページも同様

　中国の国土は西高東低で, 東側の沿岸部は**ホワペイ(華北)平原**や**長江中下流平原**が広がっているよ。
首都 ⑦　　　　　　はこの平野部の最北部にあるね。ここから南下して ⑧　　　　　　を渡った先に**ホワイ川(淮河)**がある。中国東部は大まかに, 降水量の違いからこの川を境に北は小麦, 南は稲の栽培地域となるので同じ中華料理でも地域によって食材が異なるんだ。さらに南下すると中国最長の河川である ⑨　　　　　　が流れ, その河口に高層ビルが並び中国の経済や金融の中心都市 ⑩　　　　　　がある。そこから南に**南シナ海**沿岸まで行くと外国企業への優遇措置(ゆうぐうそち)がとられた5つの経済特区があり, その一つ, **シェンチェン(深圳)**の隣には, 1997年までイギリスの植民地であった ⑪がある。ここは一国二制度と言われ, 中国でありながら, 中国内の他地域と異なる制度(法律など)が適

中国南部の塔状カルストの絶景

用されている。チュー川(珠江)をはさんで西にある**マカオ(澳門)**も, 1999年までポルトガルの植民地だったけれど現在は一国二制度が適用されている地域だ。観光業で大きく発展している。⑪の東にある島, ⑫　　　　　は日本でも人気のタピオカティーの発祥としても知られる。

　ここからは長江に戻って河口から上流へとたどりながら内陸部の都市を見てみよう。

　ナンキン(南京)は歴史の授業のときに条約の名前で聞いたことがあるかな? その上流には自動車工場などが多く立地する ⑬　　　　　　があるよ。さらに上流で ⑭　　　　　　盆地に入り, 日系企業が多く進出している ⑮　　　　　　を通過し, ⑭省の省都である ⑯　　　　　　がある。この地域の四川料理は辛さ(しせん)が特徴(から)で, 麻婆豆腐(まーぼーどうふ)などが有名だ。

　ここより西はさらに標高が高くなり, ⑰　　　　　　高原に入る。ネパールやインドなどとの国境には ⑱　　　　　山脈が走り, チベット仏教の聖地ポタラ宮のある ⑲　　　　(標高3650m)があるよ。ここから北に進もう。**クンルン山脈**をこえると標高が少し下がって, ⑳　　　　　盆地やタクラマカン砂漠があるね。この地域にある**シンチヤンウイグル自治区**に多く住んでいるウイグル族は**イスラーム(イスラム教)**を信仰(しんこう)しているんだ。**テンシャン(天山)山脈**のすぐ南にはパイプラインや油田の記号が読み取れるかな? ここから東に行くと, 黄河が大きく蛇行(だこう)している付近に ㉑　　　　　　高原がある。春先に日本にも飛来する**黄砂(こうさ)**の発生源の一つだね。その北には**内モンゴル自治区**(中国の領土だよ)がある。㉒　　　　砂漠は北の**モンゴル**にまでまたがっているね。**モンゴル**に行ってみよう。

　首都は ㉓　　　　　　だ。モンゴルは, 海に面していない内陸国で, ゲルとよばれる移動式のテントに住む遊牧民がいるよ。「スーホの白い馬」という物語の舞台だね。国技がモンゴル相撲で, 日本で力士として活躍しているモンゴル人も多いよ。次は東アジアから南に進んで, 東南アジアや南アジアの国々を見ていこう。

モンゴルの民族衣装
特別な行事の日に
着ることが多い

東南アジア・南アジア

　東南アジアは, 大陸のインドシナ半島と島々から構成されている。まずはインドシナ半島を見ていこう。近年, 帰属をめぐり中国やフィリピンなどで対立が起きている**南沙諸島**（なんさしょとう）を含む ①　　　　　海に面している国が ②　　　　　だね。首都は**ハノイ**だけれど, 人口最大の都市は, ③　　　　　川河口近くの ④　　　　　だ。その西には**アンコールワット遺跡**などで知られている国の ⑤　　　　　がある。さらに西へ進んで, **タイ**に入ろう。首都の ⑥　　　　　は, 国の北部から流れている ⑦　　　　　川の河口部にある。タイは仏教国で, 日本のメーカーの工場が多く進出している。タイ北東部の内陸国である ⑧　　　　　も, 今後海外の企業進出と経済発展が期待されている国だ。東南アジアの一番西にある国 ⑨　　　　　は政情不安が伝えられることが多いね。かつてはビルマとよばれていたんだ。『ビルマの竪琴』（たてごと）の物語は読んだことがあるかな？

　続いて, **マレー半島**を南下しよう。タイの南にある国は ⑩　　　　　で首都は**クアラルンプール**。工業化が図（はか）られていて, 日本の電機メーカーなども工場を置いているね。マレー半島の最南端にある島国が ⑪　　　　　だ。東京23区より少し大きいほどの面積しかないのに, 大規模な国際空港やコンテナの載（の）せ換えをする大きな港湾（こうわん）があるよ。小さな国でも, インド洋と南シナ海・太平洋を結ぶ位置にあるという特性を生かして経済発展しているんだね。

　マレー半島から, タンカーやコンテナ船が多く通る要衝（ようしょう）の ⑫　　　　　海峡（かいきょう）を渡って対岸の国

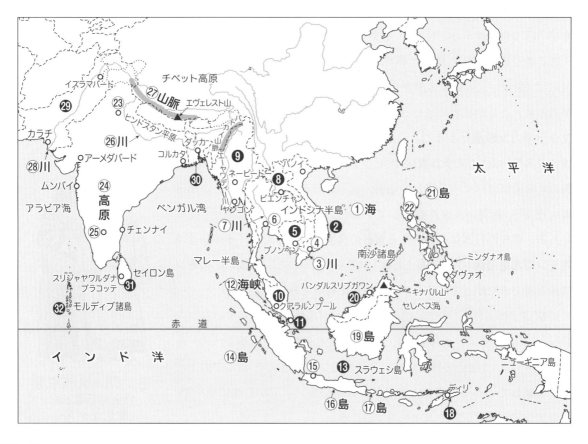

⑬ [　　　　　　　　] に入ろう。ここは世界で４番目に人口が多く，約２億７千万人もいるんだ。西部にある島は ⑭ [　　　　　] 島。2000年代におきた大地震では津波の被害が大きかったんだ。この辺りは油田の記号もあるね。首都の ⑮ [　　　　　] がある島は ⑯ [　　　　] 島だ。国の人口の約６割がこの島に集中していて，首都の移転計画もあるんだ。また，**ムスリム**（イスラーム教徒）が世界で最も多くいる国なんだけれど，⑯島のすぐ東の小島 ⑰ [　　　] 島ではヒンドゥー教が信仰されている。この島はリゾート地として有名だね。⑬の東方，**ティモール島**にあるキリスト教の国は

トンコナンの家
インドネシアの少数民族の住居
高床式で屋根の形が特徴的

2002年に独立した ⑱ [　　　　　] だ。赤道直下の ⑲ [　　　　　]（ボルネオ）島には，石油資源が豊富で，面積の小さい王国 ⑳ [　　　　] があるよ。ここで産出される天然ガスの多くは日本に輸出されているんだ。島のマレーシア側にある**キナバル山**は山頂が4,000mを超えているね。この島の北東にある島国は**フィリピン**。世界遺産に登録されている美しい棚田もある ㉑ [　　　] 島に，フィリピンの首都 ㉒ [　　　] がある。人口が急増し，スラム化や大気汚染などの都市問題が起きているんだ。続いて南アジアを見ていこう。

一番大きな国は**インド**で首都は ㉓ [　　　] だ。地図帳ではインド半島の内陸部は緑色が少なく少し高いところになっているね。ここは ㉔ [　　　] 高原で綿花の栽培が盛んなんだ。インド南部の ㉕ [　　　] という都市はIT産業で有名だ。北部の**ヒンドスタン平原**には ㉖ [　　] 川が流れているね。**ヒンドゥー教**の慣習で沐浴（もくよく）をしたりする光景は見たことがあるかな。インドの北部にはパキスタンや中国と国境を巡（めぐ）って対立が続いている**カシミール地方**があるよ。セーターなどに使われるカシミヤで名前を聞いたことがあるかな。

インドの北東にある国**ネパール**と中国との国境を接する ㉗ [　　　] 山脈には，世界最高峰8848mの**エヴェレスト山**がある。東には仏教国の王国**ブータン**があるよ。このあたりに近いインドの**アッサム地方**では，紅茶の生産が盛んで，**ダージリン**という都市名も有名だね。

インドの西側には**イスラマバード**を首都とし，アラビア海へ注ぐ ㉘ [　　　] 川が流れる国 ㉙ [　　　] がある。国土の大部分が乾燥しているよ。インドの東側には ㉚ [　　　　　] がある。どちらもイスラーム

茶の収穫
インドやスリランカなど
南アジアでは生産が盛ん

（イスラム教）の国だよ。㉚は人口密度が高く，低地が多いので水害に遭（あ）うことが多いね。インドの南にはセイロンティーなどで知られる国 ㉛ [　　　] や，サンゴ礁（しょう）でできた島国でリゾート地などを有する ㉜ [　　　] があるね。㉜は地球温暖化で国土が水没してしまう危機に直面し，その対策が課題となっているんだ。次はさらに西へ進もう。

西アジア・中央アジア

　まずは中央アジアを見ていくよ。この地域はかつて旧ソ連(ソビエト社会主義共和国連邦)を構成していた国が多いんだ。東側の中国と　①　　　　　　　　　山脈やパミール高原で国境を接している国は　②　　　　　　　　とタジキスタン。どちらも山岳国だ。ロシアのすぐ南に位置する広大な国は　③　　　　　　　　だね。国の大部分に広がるカザフステップ(地図帳で別のページも見てみよう)には草原が広がっているよ。③とその南の**ウズベキスタン**に跨る　④　　　　　　　　海はここ40年ほどで湖面の面積が大きく減少してしまったんだ。流入する2つの河川(**アムダリア川**と**シルダリア川**)から水を過度に引いて,綿花や小麦を栽培する灌漑農業を行ったことが原因とされているよ。p.23でも学習したけどこの地域に多く見られる〜スタンとは,○○人の土地(国)という意味なんだ。

　中央アジアは内陸国で隔海度(海からの距離)が大きく,海洋からの湿った空気が入ってこないので降水量が少なくて乾燥するんだ。地図帳で湖を見ると塩湖を示す赤点がついているものが多いね。　⑤　　　　　　海もその一つだ。西側の突き出たところにある**アゼルバイジャン**の首都　⑥　　　　　などは油田があることで有名だよ。⑤海から**黒海**にかけては**カフカス山脈**があるね。カフカス山脈の南西にある国　⑦　　　　　　　は,かつてはグルジアとよばれていたよ。キリスト教の国でこの辺りはワイン発祥の地と言われている。その南の**アルメニア**もキリスト教の国だ。この国とイスラーム(イスラム教)の多いアゼルバイジャンは**ナゴルノカラバフ**という地域をめぐり,長きにわたって対立が続いている。続いて西アジアに分類される国々を見ていこう。

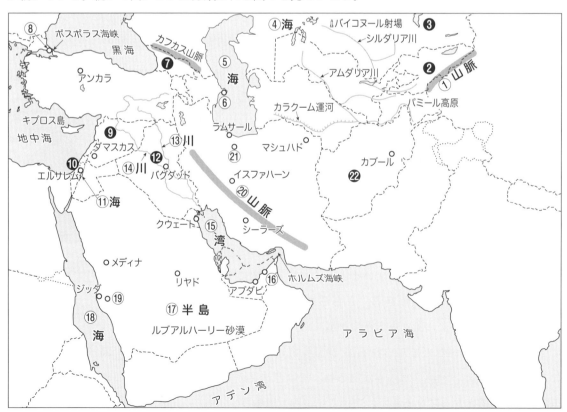

黒海と地中海を繋ぐ**ボスポラス海峡**にある都市はトルコで人口最大の都市 ⑧ 　　　　　だよ。首都は内陸部の**アンカラ**で, 日本の秋田県, 岩手県とほぼ同緯度の北緯40度線が通過している。標高が全体的に高いことがわかるね。地中海に浮かぶ島国の**キプロス**では北部のトルコ系住民と南部のギリシャ系住民の対立が続いているよ。

ケバブ
トルコ発祥で肉を削ぎ落として食べる
日本でもお店が増えてきた

南へ進んで, 政情不安により多くの国外難民が発生した国 ⑨ 　　　　　を抜けよう。地中海に面した**レバノン**の南には ⑩ 　　　　　という国があり, **エルサレム**は, **ユダヤ教**, **イスラーム（イスラム教）**, **キリスト教**の三つの宗教の聖地ともなっているんだよ。東の**ヨルダン**との国境にある ⑪ 　　　海は塩分濃度が高く, 簡単に人が浮くことでも知られているね。実は⑪海の沿岸は地球上の陸地で最も低い（-400m）地点なんだ。さらに東へ進んで, **バグダッド**が首都である国は ⑫ 　　　　　だ。ほぼ並行に2本の河川が流れていて, 北側を流れるのが ⑬ 　　　　　川で南側が ⑭ 　　　　　川だよ。これらの河川を中心に**メソポタミア文明**が栄えたんだ。メソポタミアとはギリシャ語で「河の間の土地」を意味している。それらの川が流れこむ ⑮ 　　　　　湾には油田が集中しているよ。日本に原油を運ぶタンカーはここから**ホルムズ海峡**を抜けて東へ進むんだ。また, パイプラインが西へのびているのが分かるね。ヨーロッパに向けて原油を輸出しているんだ。**アラブ首長国連邦**の首都**アブダビ**の北東にある都市 ⑯ 　　　　　は原油産出によるオイルマネーで繁栄し, 映画などで使われる高層ビルも建っているね。国際線の巨大なハブ空港であるドバイ国際空港もある。砂漠が広がる ⑰ 　　　　　半島の大部分を占める国が**サウジアラビア**。西側の ⑱ 　　　海に面したジッダから少し内陸に行ったところに, **イスラーム（イスラム教）**の聖地の ⑲ 　　　　　がある。その東の広大な**ルブアルハーリー砂漠**は年間を通じて高気圧におおわれ, 降水量が少ないことから砂漠になるんだ。ここに暮らす人々は日差しを防ぎ, 通気性に優れた服を着ている人が多いよ。

ラクダレース
アラビア半島の国々などで
娯楽として行われている

ここから北東に進もう。⑮湾の北に位置している国が**イラン**。⑳ 　　　　　山脈や**イラン高原**など標高の高い地域が広がる。首都 ㉑ 　　　　　の標高は1,200mもあるよ。その北にある⑤海沿岸の**ラムサール**は湿地に関する条約の名前になっているね。この国はイスラーム（イスラム教）の国の中でも**シーア派**とよばれる人々が多数を占める国なんだ。その東には ㉒ 　　　　　という内陸国があるよ。日本の医師, 中村哲さんは乾燥する気候のもと, この国で用水路の整備に尽力し, その功績が讃えられたんだ。2001年アメリカで起きた同時多発テロの後, 政情不安が続いている。首都はカブールだよ。続いては, アフリカへ行くよ！

アフリカ

　ここからはアフリカ大陸に入るよ。アフリカ大陸は南北の幅が約8,000km（地球約1/5周分），東西の幅が約7,400kmととても広大で，ユーラシア大陸に次いで2番目に大きい大陸（約3,000万㎢）だ。赤道が西側の ① 　　　　　 湾から，大陸ではガボン→コンゴ共和国→ ② 　　　　　 共和国→ウガンダ→ ③ 　　　　　 →ソマリアと通っているね。アフリカ大陸は大半が台地状になっているんだ。また，アフリカ大陸東部には南北に標高が高い部分が連なっているね。**アフリカ大地溝帯**といって，プレートの境界で**アラビア半島**との境の紅海へと続いているよ。また，アフリカ北部には，南極大陸を除いて，世界で最大の砂漠 ④ 　　　　　 砂漠がある。年間を通じて高気圧におおわれ，降水量が少ないんだ。サハラ砂漠の南縁は**サヘル**とよばれる地域で，過放牧や過耕作によってさらに砂漠化が進行しているよ。それではアフリカ最南の国，⑤ 　　　　　 から見ていこう。

　⑤の南東にある**ドラケンスバーグ山脈**は石炭がよく採れるね。首都は内陸の ⑥ 　　　　　 だ。アフリカは鉱産資源に恵まれているんだけれど，特に南アフリカは鉄鉱石や石炭だけでなく，金，白金（プラチナ）などの**希少金属（レアメタル）**やダイヤモンドが多く産出されるんだ。1990年前半まで白人優位の**人種隔離政策（アパルトヘイト）**を実施していたよ。近年は経済発展が期待されていて，サッカーやラグビーのワールドカップが開催されたね。南西部の都市 ⑦ 　　　　　 近くにある**喜望峰**は，大航海時代にヨーロッパからインドへの航路開拓期に名付けられたんだ。この街の周辺の地域ではペンギンが見られたりもするよ。ここから北へ行こう。内陸の**カラハリ砂漠**のある国 ⑧ 　　　　　 もダイヤモンドの産地だ。ルサカが首都の ⑨ 　　　　　 からコンゴ民主共和国にかけては特に銅（英語でCopper）の産地が集まっていて**カッパーベルト**と呼ばれているよ。この地域から資源の積み出しに使われているのが，⑩ 　　　　　 と⑨の2国間を結ぶ**タンザン鉄道**だ。⑩の首都 ⑪ 　　　　　 は**積み出し港**となっているね。ここから大地溝帯に沿って北に進んで行こう。

　赤道付近にある ⑫ 　　　　　 湖は白ナイル川の水源となっていて，周辺国の国境にも

ケープペンギン
おもに南アフリカやナミビアの
沿岸で見られる

タンザン鉄道
タンザニアとザンビアを結ぶ
資源の運搬に活用されている

なっているね。この湖の南東は雨季と乾季が明確なサバナ気候となっていて, ヌーやシマウマ, ライオンなどの野生動物が見られるよ。ライオンが主人公のあの映画の舞台だね。近くには, アフリカ大陸最高峰の**キリマンジャロ山**(5,895m)がある。③の首都は ⑬ [   ] で, ここは標高が1,600mほどもあって低緯度の割には過ごしやすい気候なんだ。茶の生産が盛んな国で, 生産量の多くを国外に輸出しているんだよ。さらに北に行くと国名と同じ名前の高原がある国 ⑭ [   ] だ。ここの首都も標高が2,300mほどの高地にあるんだ。南西部の**カッファ地方**はコーヒーの語源(原産地でもある)なんだよ!タナ湖からは青ナイル川が流れているね。この国の西側にある**南スーダン**は2011年に北部の**スーダン**から分離独立したんだ。2国の間には国境が未確定の部分があるよ。一方, 東側にある ⑮ [   ] という国は, 海に突き出た半島の形から**アフリカの角(つの)**とよばれるところ

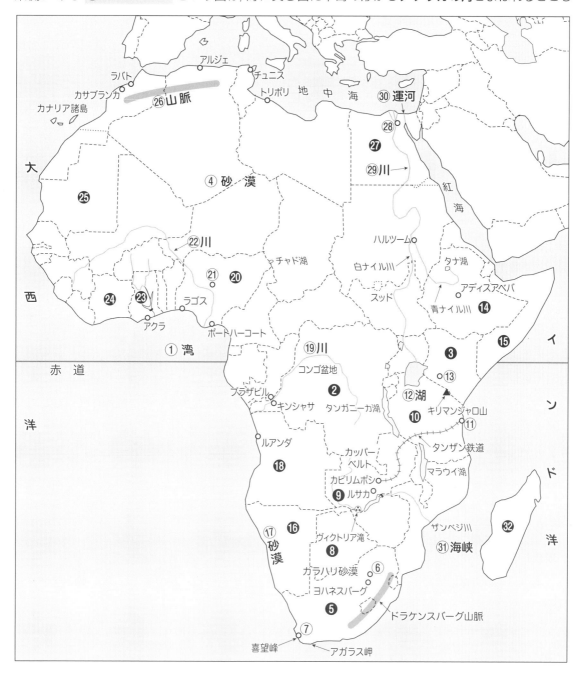

にある。この付近の海域は地中海とインド洋や太平洋を結ぶコンテナ船やタンカーを狙った海賊が出る地域で, 自衛隊も派遣されたんだ。続いて, アフリカ大陸の西側を南から海沿いに見ていこう。

⑤北西の国 ⑯ _____ には沖合を寒流が流れ, 海岸に ⑰ _____ 砂漠が広がるね。その北の国 ⑱ _____ の首都ルアンダ沖には油田があるよ。ここから ⑲ _____ 川をのぼって北へ行くと, コンゴ盆地がある。この辺は赤道直下で, **熱帯雨林**のジャングルが広がりゴリラなどが生息する。北西に進んでカメルーンの西側には ⑳ _____ がある。アフリカ大陸で人口が最も多い(約2億人)国で, しかもその約4割が15歳未満なんだ。この国は, 大きく3つの民族が対立する紛争が起き, 首都を沿岸部のラゴスから現在の内陸部の ㉑ _____ に移転したんだよ。ナイジェリアにある ㉒ _____ 川をさかのぼって行くと, サヘル地域の乾燥地帯を通り抜けて南下し, 雨の多いギニアの山間地域にある水源へとたどり着く。

ナイジェリアから西へ進むと, アクラが首都の ㉓ _____ という国や, フランス語で象牙海岸（ぞうげ）という意味の国名の ㉔ _____ がある。どちらもチョコレートの原料となっている

ティムガット
アルジェリアにある古代ローマ
帝国の都市遺跡

カカオ豆の産地だね。日本では国名が商品名になっているものもあるかな。この辺りのギニア湾沿岸は, かつて新大陸へ奴隷が連れて行かれたことから奴隷海岸とよばれたこともあるんだ。大西洋沿いを回り, ㉕ _____ やモロッコといった国がサハラ砂漠の西側にある。実は日本が輸入しているタコのうち約6割はこれらの国々から輸入されるんだよ。サハラ砂漠より北側の地域はイスラーム（イスラム教）の信者が多くなるね。言語もアラビア語を話す人の割合が多いんだ。

モロッコからアルジェリアにかけて走っている山々は ㉖ _____ 山脈。英語では地図帳のことをアトラスというけど, どちらも同じギリシャ神話の神の名に由来しているんだ。さらに東の地中海沿岸にはチュニジアやリビア, ㉗ _____ といった国々が並んでいるね。地中海に面した地域は, 古い遺跡が数多く残っている。また, この地域は夏に降水量が少ないので乾燥に強いなつめやしの生産量が多い国もあるよ。リビアと㉗の国境は**東経25度**の経線と一致する。緯線と経線を用いた**人為的国境**（じんいてき）だ。㉗の首都は ㉘ _____ で, 地中海に流れ出る ㉙ _____ 川の河口はきれいな円弧状（えんこ）の三角州（さんかくす）になっているんだ。首都近郊のギーザという街に, ピラミッドやスフィンクスなどといった有名な世界遺産があるんだ。地中海と紅海は ㉚ _____ 運河でつながっていて, ヨーロッパとアジアを結ぶ重要な航路になっているよ。

最後に, アフリカ大陸と ㉛ _____ 海峡で隔（へだ）てられた島国, ㉜ _____ を確認しよう。島の南部には南緯23.4度を示す**南回帰線**が通っているね。この島では, 太い幹（みき）と上部にだけ生える葉が特徴的な**バオバブ**という木が見られる。農業では稲作も行われているよ。

アフリカは南から北まで多様な環境が広がっていることがわかったかな。次はアフリカ大陸の北に位置しているヨーロッパの国々を見ていこう。

世界編　その6

ヨーロッパ

　いよいよヨーロッパにやってきた。まずは地図帳の表紙を開いて「世界の国々」のページを見よう。この地図を見ると，ヨーロッパと日本の南北についての比較ができるよ。フランス南部を通る北緯45度の緯線が北海道の北部を通過している…ヨーロッパって意外に北の方に位置しているよね。

　では，ヨーロッパにはどんな国があるのか，予習してみよう。地図帳を見ながら下の図の空欄に国名を記入してみよう。全部埋めることはできたかな？

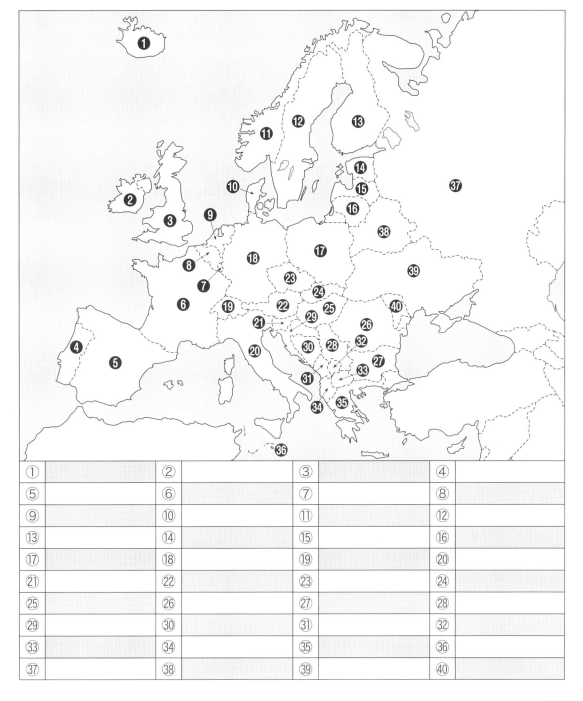

①		②		③		④	
⑤		⑥		⑦		⑧	
⑨		⑩		⑪		⑫	
⑬		⑭		⑮		⑯	
⑰		⑱		⑲		⑳	
㉑		㉒		㉓		㉔	
㉕		㉖		㉗		㉘	
㉙		㉚		㉛		㉜	
㉝		㉞		㉟		㊱	
㊲		㊳		㊴		㊵	

地中海

　ヨーロッパは小さな国々が多いのでいくつかに区切って見ていくよ。まずは地中海周辺の国々だ。**「地中海」**とは何のことか説明できるかな。大まかには, 地図を見て分かる通り, 陸地でかこまれ, 狭い海峡で大洋とつながっている海のことなんだ。そういう意味では, 北極海をはじめとして「地中海」は地球上にいくつか存在しているよ。今回学習する地中海は, 「ヨーロッパ地中海(ヨーロッパ・アフリカ・アジアの三つの大陸にかこまれた海)」ともよばれている。

　それでは地中海を東部から見ていこう。まずはトルコの西に位置する国 ① _____ から。ここはオリンピックの発祥地として有名だね。世界遺産の登録数も多いんだ。首都は ② _____ だ。西部には ③ _____ 半島(島ではないよ!)があるね。この国の東部の ④ _____ 海には, 多数の島々が確認できる。こうした海域を**多島海(たとうかい)**というよ。その南方, オリーブやぶどうの栽培が盛んで, クノッソスの宮殿で有名なのが, ギリシャで最大の島 ⑤ _____ 島だ。

ブラン城
ルーマニアにある古城
ドラキュラ伝説のモデルとされる

　ギリシャ北部から**旧ユーゴスラビアの国々**(**セルビア, ボスニア・ヘルツェゴビナ, クロアチア, 北マケドニア, スロベニア, モンテネグロ, コソボ**), 首都が ⑥ _____ (古代ギリシャ語で「知恵」の意)の**ブルガリア**などがある地域が ⑦ _____ 半島だ。第一次世界大戦前には紛争(ふんそう)の火種になることが多かったことから, **ヨーロッパの火薬庫**とよばれていたんだよ。**ブルガリア**はヨーグルトの商品名でもよく知られているね。バラの栽培が盛んでバラの油(ローズオイル)が特産品でもあるよ。ブルガリアの北縁

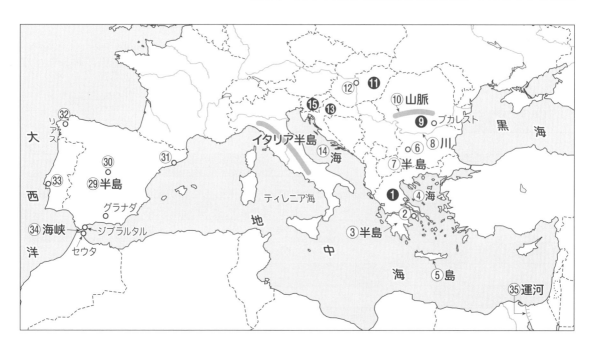

にあたり, **黒海**に流れる ⑧ _____ 川を越える
と, ⑨ _____ だ。国土の中央部を東西に
⑩ _____ 山脈が走っているね。
この国にはドラキュラ伝説のモデルとされている
お城があるよ。

さて, 西へ進んで, ⑧川を挟むように首都が位置
している国が ⑪ _____ だ。首都である街
⑫ _____ はドナウ川を挟むブダとペス
トという2つの街が一つの自治体となって現在の
都市になったんだ。そこから南西に進んでいく
と, 旧ユーゴスラビアを構成した国の一つである
⑬ _____ がある。南部の**ドゥブロヴニク**
には世界遺産に登録された美しい街並みの旧市街
があるね。ここに面する ⑭ _____ 海は, そ

の美しい景観から, 紅の飛行機をブタが操縦するあのアニメ映画を製作するのに参考にしたという場
所だよ。⑬の北にある国 ⑮ _____ は石灰岩が多く, **カルスト地形**の名前の由来となって
いる地域があるよ。

次は, **イタリア**だ。国土は長靴のような形をしているね。北側から見ていこう。東に向かって
⑯ _____ 川が流れる平野は ⑰ _____ 平野。この川の流域は稲作が行われている
んだ。お米を使ったイタリア料理にドリアがあるね。⑯川の河口の北方に水上都市で知られている
⑱ _____ がある。⑰平野の西には ⑲ _____ がある。ここは世界でも屈指のファッ
ション関連の産業が盛んな街だ。また, レオナルド・ダ・ヴィンチが描いた壁画「最後の晩餐(ばんさん)」がある
教会(世界遺産にも登録されているよ)もここにある。この街から
南に進むとリグリア海に面したイタリア北部で有数の港湾都市
⑳ _____ があるね。次にイタリア半島の中心を貫く山
脈である ㉑ _____ 山脈に沿って南東にいくと, 美しい街
並みが世界遺産となっている**フィレンツェ**やピサの斜塔などが
ある**トスカーナ**地方を通る。その先には首都の ㉒ _____ が
確認できるね。さらにその南東には, イタリア南部の中心都市で,
日本発祥のスパゲティの料理名でお馴染(なじ)みの街 ㉓ _____ が
あるよ。この近くにある ㉔ _____ 山は西暦79年
に大噴火を起こし, 古代に栄えた都市**ポンペイ**は火砕流によって
埋まってしまったんだ。後に遺跡として世界遺産に登録されてい
るよ。

イタリア半島の南方にある, 地中海最大の島は ㉕ _____

ピサの斜塔
イタリアの観光名所
一時は倒れる危機にあった

島だ。レモンなどで知られているね。ここにある ㉖ ＿＿＿＿＿＿＿＿ 山は世界遺産に登録されているよ。この島の南には, 地中海の観光地として知られる島国 ㉗ ＿＿＿＿＿＿＿＿ があるよ。地中海を通る貨物船の拠点にもなっている。イタリアの西にある**サルデーニャ島**の北側にはフランス領の ㉘ ＿＿＿＿＿＿＿＿ 島がある。ナポレオンの出身地だ。南北に隣り合って並んでいるけど, 異なる国の領土だね。次は西に進んで, **スペインとポルトガル**を確認しよう（34ページの地図も見てね）。

ピレネー山脈より南側の ㉙ ＿＿＿＿＿＿＿＿ 半島にスペインとポルトガルがある。この半島の大部分を占める高原状の大地は**メセタ**と呼ばれているよ。半島の中央にスペインの首都 ㉚ ＿＿＿＿＿＿＿＿ があるね。スペインの都市のいくつかはサッカーチームの名前でも有名かな。また, スペインではパエリアという, お米を使った料理が有名なんだよ。スペイン東部の**カタルーニャ地方**にある, 国内第２の地中海沿岸の都市は ㉛ ＿＿＿＿＿＿＿＿ だ。建築家ガウディの建造物でも有名だね。北部の**バスク地方**には, スペイン語と異なる言語を話す人々が暮らしていて, 国境を越えたフランスにもまたがって, 独自の文化圏を形成しているんだ。

スペイン北西のガリシア地方には, **リアス海岸**の語源になった地域がある（入り組んだ海岸線のあたりに「リアス」という文字が確認できるかな？）。この地方にある ㉜ ＿＿＿＿＿＿＿＿ は**キリスト教**の聖地の一つである古都で世界遺産に登録されている。ここまで通じる巡礼路（じゅんれいろ）の一部も世界遺産なんだ。南へ行って**ポルトガル**に入ろう。首都は南部にある ㉝ ＿＿＿＿＿＿＿＿ で, ユーラシア大陸では最も西に位置する首都だ。大航海時代（だいこうかいじだい）には交易（こうえき）で繁栄した。探検家ヴァスコ・ダ・ガマもこの地から航海に出発したとされている。

東へ進んでスペインへ戻るよ。南部の**アンダルシア地方**には**グラナダ**という街にあるアルハンブラ

パエリア
スペイン発祥の料理
米を魚介類などとともに炊き上げる

宮殿など, イスラーム王朝の史跡が数多くあるんだ。さらに南に進んで, イベリア半島とモロッコの間にある, 大西洋と地中海を結んでいる海峡が ㉞ ＿＿＿＿＿＿＿＿ 海峡。このあたりの緯度が, 東京とほぼ同じ（北緯36度）となる。この海峡に面する国を地図帳でよく見てみよう。スペインの南側はイギリス領の**ジブラルタル**, モロッコの北側はスペイン領の**セウタ**になっているね。地中海から外洋に出られる場所は限られているから, 軍事的に重要な場所となっているんだ。

地中海と外洋をつなぐもう一つの航路は, エジプトの ㉟ ＿＿＿＿＿＿＿＿ 運河だ（地図帳のアフリカや西アジアのページも見てみよう）。1869年に地中海と紅海がつながり, インド洋からアフリカ大陸を迂（う）回（かい）せずにヨーロッパへと航海できるようになったんだ。これによって, 西アジア地域から石油を輸送しやすくなっただけでなく, 中国や日本など東アジアやインドなどの南アジアとヨーロッパが結ばれた。現在は, コンテナ船なども頻繁（ひんぱん）に通行していて, 渋滞も起きるほどだよ。ではこの地域より北にあるヨーロッパの国々も確認していこう！

世界編　その8

西ヨーロッパ・中央ヨーロッパ

　ここでは地中海より北側の, 西ヨーロッパ・中央ヨーロッパを見ていくよ。まずは全体を見渡すと, 南に ① ＿＿＿＿＿＿＿ 山脈などの山地が東西に広がっていて, 北に進むにつれて標高が低くなっていくのがわかるかな（地図帳の塗り分けが, 茶色から黄緑色になっている）？例えばドイツ北部には**北ドイツ平原**などの平野があるね。それではこの地域を東から西へ見ていこう。

　まずはドイツの東に位置する国 ② ＿＿＿＿＿＿＿＿ から。音楽家ショパンの出身地として知られているね。首都は ③ ＿＿＿＿＿＿ だ。この都市は第二次世界大戦後に旧市街が再建されたことで世界遺産に登録されているんだよ。この国の南部にある ④ ＿＿＿＿＿＿＿ 山脈には**シロンスク炭田**があって, 石炭が多く産出される。この南にあるのは, 首都が**プラハ**の ⑤ ＿＿＿＿＿ で, その東には, かつてこの国と一つの国になっていた ⑥ ＿＿＿＿＿＿＿ があるよ。この国の首都**ブラチスラバ**を流れる ⑦ ＿＿＿＿＿ 川を上流にたどっていくと, 隣国 ⑧ ＿＿＿＿＿＿＿ の首都**ウィーン**を通り, ドイツへと抜ける。ウィーンはクラシック音楽が盛んなことで知られているね。ここから西へ進み, 山岳地帯となるティロル（チロル）地方を経て, 小さな ⑨ ＿＿＿＿＿＿＿＿＿ 公国を見つけよう。その先に ⑩ ＿＿＿＿＿ という国があるね。首都は ⑪ ＿＿＿＿＿ だ。ここより北に位置する ⑫ ＿＿＿＿＿ という街は, ⑬ ＿＿＿＿＿ 川水運の終点にあたる。**北海**からこんなに内陸まで船で河川を上がってこられるんだ。それではこの川を下流へたどって北に向かい, ドイツを見ていこう。

　両側を山に囲まれた凹地型の地形をした**ライン地溝帯**を抜け, **マインツ**まで行くと, 東にドイツ最大

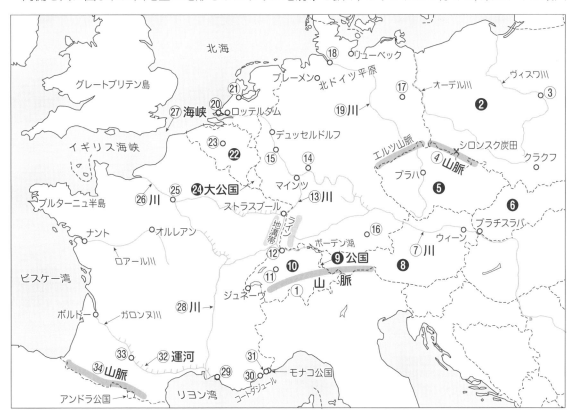

の空港を持つ都市 ⑭ ＿＿＿＿＿＿＿＿＿ がある。ソー
セージの種類で聞いたことがあるかな。引き返してまた川
を下っていくと, ⑮ ＿＿＿＿＿＿ という街があって, 世界最
大級のゴシック建築で知られる大聖堂が建っているよ。そ
の北のデュッセルドルフやエッセン, ドルトムントなどの
一帯は, 川の水運と豊富な石炭で発展した**ルール工業地域**

リューベックのホルステン門
中世ドイツに造られたハンザ同盟の
象徴的な門

だ。ここで川は北西のオランダへと向かう。オランダに向
かう前に, ほかのドイツの都市を見ておこう。南東部にあ
る都市 ⑯ ＿＿＿＿＿＿＿＿ はビールの醸造（じょうぞう）で有名だね。首
都は北東部にある ⑰ ＿＿＿＿＿＿＿ だ。ドイツはかつて西
ドイツと東ドイツという２つの国に分かれていて, この都市には東西を分断する**ベルリンの壁**があっ
たんだ。首都の北西には ⑱ ＿＿＿＿＿＿＿＿ という都市がある。⑲ ＿＿＿＿＿＿＿ 川の河口にあり, この
川の下流は川幅が広く, 大洋を航行する大きな貨物船なども入港できる港をもつ。ここから南西にあ
るブレーメンは音楽隊の物語で有名だね。

　次はオランダだ。国土面積の約４分の１は海面より標高が低く, その部分を地図帳では海面下と
いって表現している。風車が有名で, この風車を使って土地の干拓（かんたく）のために水をくみ出していたんだ。
⑳ ＿＿＿＿＿＿＿＿＿＿ は大規模な貿易港で, ここから物資がライン川を通じてヨーロッパ各地へ運ば
れるため, ヨーロッパの海の玄関口ともいわれる。首都は ㉑ ＿＿＿＿＿＿＿＿＿ だよ。

　続いて, オランダの南にある国 ㉒ ＿＿＿＿＿＿ に入ろう。首都は ㉓ ＿＿＿＿＿＿＿＿＿ だ。ヨー
ロッパの二十数か国が加盟する**EU（ヨーロッパ連合）**など, 主要な国際機関の本部が置かれている。
この南東には ㉔ ＿＿＿＿＿＿＿＿ 大公国という国があって, ㉒, オランダ（かつてネーデルラン
トとよばれていたよ）とこの国を合わせて**ベネルクス**とよぶことがあるんだ。

　最後は**フランス**を見ていこう。首都は北部に位置する ㉕ ＿＿＿＿＿ だ。パリ盆地の中を流れる
㉖ ＿＿＿＿＿＿ 川沿いにあるね。エッフェル塔やファッションなど文化の発信地として世界的に知ら
れる。フランス北部の ㉗ ＿＿＿＿＿＿＿ 海峡にはユーロトンネルが通っていて, **イギリス**と鉄道で

エトワール凱旋門（がいせんもん）
パリの名所の一つ
ここを中心に放射状に道路が広がる

結ばれているね。続いてフランス南部をみよう。南下する
㉘ ＿＿＿＿＿＿ 川の河口の東にある都市は ㉙ ＿＿＿＿＿＿＿
で大きな貿易港だね。その東側には国際映画祭が開かれる
㉚ ＿＿＿＿＿＿ やリゾート地として知られる ㉛ ＿＿＿＿＿＿ な
どがある。フランスの南西部, ㉜ ＿＿＿＿＿＿ 運河は**ガロン
ヌ川**とつながって**大西洋**と**地中海**を結んでいるよ。この運
河沿いにある ㉝ ＿＿＿＿＿＿＿＿ には航空機の組み立て
工場があるんだ。最後にフランスと**スペイン**の国境にある
㉞ ＿＿＿＿＿＿＿ 山脈を確認して, 次はイギリスと北ヨー
ロッパに向かおう！

世界編　その9

イギリス・北ヨーロッパ

イギリスから見ていこう。この国が位置している島は ① ＿＿＿＿＿＿＿＿ 島だ。正式な国名にもこの名前が入っているね。首都は南部にある ② ＿＿＿＿＿＿ 川沿いの ③ ＿＿＿＿＿＿＿ だ。周囲に低平な土地（地図帳で緑色で塗られているよ）が広がっているね。ここで**本初子午線**（0°の経線）が通っているのを確認しよう。次に, 島の中央部には南北に ④ ＿＿＿＿＿＿ 山脈が走っているね。このあたりでは石炭が産出されるんだ（イギリスで発明された蒸気機関の燃料も石炭だ！）。この山脈の西側が**ランカシャー地方**。港町の ⑤ ＿＿＿＿＿＿＿＿ はビートルズ誕生の町, 内陸の ⑥ ＿＿＿＿＿＿＿＿

はサッカーチームなどで知っているかな。世界初の鉄道ダイヤを使った営業鉄道はこの両都市を結んだよ。この地方は**綿工業**が発達したんだ。一方, 山脈の東側は**ヨークシャー地方**。**羊毛産業**が盛んな地域だよ。また, ⑦ ＿＿＿＿＿＿＿＿＿ には**北海油田**からのパイプラインがつながっているね。北に進んで**サザン高地**からは ⑧ ＿＿＿＿＿＿＿＿ 地方だ。西側には造船の街 ⑨ ＿＿＿＿＿＿＿ があって, 東側には世界遺産に登録された旧・新市街の街並みが美しい ⑩ ＿＿＿＿＿＿＿＿ がある。シャーロック・ホームズで有名な作家アーサー・コナン・ドイルの出身地でもあるね。

　イギリスの西には**アイルランド**がある。首都は ⑪ ＿＿＿＿＿＿＿ だ。この島の北東部はイギリスの ⑫ ＿＿＿＿＿＿＿ 地方になるよ。

　次は北ヨーロッパを見よう。西から, ⑬ ＿＿＿＿＿＿＿ があり, ⑭ ＿＿＿＿＿＿＿ にそして ⑮ ＿＿＿＿＿＿＿ と北欧3国が並ぶ。この3か国の首都はいずれも北緯60°付近にあるね。⑬と⑭の国土の大部分が ⑯ ＿＿＿＿＿＿＿＿ 半島となっているよ。氷河によって形成された**フィヨルド**が多く見られ, 入り組んだ海岸線となっているね。最奥まで100kmを超える**フィヨルド**もあるんだ。縮尺で確認しよう。**ボスニア湾**の東側に位置する⑮は, 湖が多く見られるね。氷河によって作られた氷河湖だ。名物のサウナに入った後には, これらの湖に入って体を冷やすよ。

　さて, ドイツの北に突き出した半島が**ユーラン（ユトランド）半島**。⑰ ＿＿＿＿＿＿＿ があるね。首都はこの半島ではなくシェラン島にある ⑱ ＿＿＿＿＿＿＿＿ だよ。

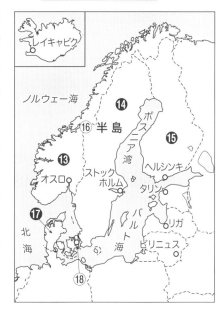

ユーラシア北部

　ここではユーラシア大陸北部を見ていくよ。ユーラシア大陸北部の大部分を占める国が**ロシア**。東西に広がる大国だね（地図帳の「ユーラシア北部」の図を確認しよう）。経度を確認すると，国の西にある古都 ①　　　　　　　　　　が東経 ②　　　　　　度，国の東にあるベーリング海峡に面したチュコト半島の東端が西経 ③　　　　　度なので経度差は160度もある。よって，ロシア国内では複数の時刻帯を設定しているんだ。この国土を横断しているのが**シベリア鉄道**。ロシアの東部を**シベリア**とよぶことがあるね。この路線は首都 ④　　　　　　　と日本海に面した ⑤　　　　　　　という都市を結んでいるね。それでは，⑤から西に鉄道に沿って見ていこう。

　最初に北上し，⑥　　　　　　　川と交わる地点に ⑦　　　　　　　　　という都市がある。この川はロシアと中国の国境になっているね。進路を西に向け進むと，三日月の形をした ⑧　　　　湖が見えてくる。水深を地図帳で確認すると，1,741m！世界最深の湖だ。この南西には東シベリアの政治・経済・文化の中心都市 ⑨　　　　　　　　　　がある。一方，北東に目をやると，**ヴェルホヤンスク山脈**の西側に ⑩　　　　川が流れているね。この東にある**ヴェルホヤンスク**や**オイミャコン**の一帯は「**世界の寒極**」とよばれ，最低気温が氷点下67.8度を記録したこともあるんだ。屋外で販売される魚などは，凍った状態で立てて店先に並べられるよ。オイミャコンの東側，**オホーツク海**に向かって南に伸びている半島は ⑪　　　　　　　　半島。ここには多くの火山があるよ。

　⑨に戻ってシベリア鉄道の旅を続けよう。ロシア中央部の ⑫　　　　　　　　低地の南側を列車は進む。この低地の東側には ⑬　　　　　　川が，西側には ⑭　　　　川があり，それぞれ北極

海に向かって北に流れているね。⑩川も合わせてこれらの河川は春先に, 凍っていた河川の上流（南側）が融けて, まだ凍っている冷涼な下流部に水が流れるため, 下流域で川から水があふれて洪水が起きるんだ。西に進んで, **エカテリンブルク**を過ぎると ⑮〔　　　　　〕山脈と交わる。南北に走るこの山脈は比較的なだらかな山脈で, ほぼ**東経60度**の経線と重なっている。この山脈から西が**ヨーロッパ**, 東が**アジア**と地域区分をする場合もあるよ。

　シベリア鉄道の旅もラストスパート。⑮山脈の西側の**東ヨーロッパ平原**を走るよ。**カスピ海**へと向かい南へ流れる⑯〔　　　　　〕川を渡って西へ進むと, 首都④にたどり着く。広大な平原の中に立地していて, 市の中心から道路や鉄道が放射状に伸びているのが特徴の都市だ。クレムリン宮殿や赤の広場は観光名所になっているよ。ここまで約9,300kmの鉄道旅行（実際には１週間かかる…）, お疲れ様でした。

　ここからはロシアの西側の国々を見ていこう（地図帳の「ヨーロッパ」の図を見よう）。まずはボスニア湾の南にある, ⑰〔　　　　　〕海が確認できたかな。この海の東に**バルト三国**とよばれている国々があるよ。北から順番に ⑱〔　　　　　〕→⑲〔　　　　　〕→⑳〔　　　　　〕だね。

ひまわり畑
種子から食用油をつくる
ロシアやウクライナで多く生産

かつて旧ソ連（ソビエト社会主義共和国連邦）を構成していた歴史をもつ国々の中でも現在**EU（ヨーロッパ連合）**に加盟している国々だよ。南西に目を向けると, **カリーニングラード**のあるロシアの飛び地があるんだ。その南東に行くと, 「白いロシア」という意味の国 ㉑〔　　　　　〕がある。首都は ㉒〔　　　　　〕だ。その南側にある国は㉓〔　　　　　〕だね。㉔〔　　　　　〕川 が首都の**キエフ**を通り, **黒海**へと流れているよ。この国は石炭と鉄鉱石が産出するため鉄鋼業が盛んだよ。また, 小麦やひまわりの世界有数の栽培地なんだ。

　ロシアで有名な民芸品でマトリョーシカは聞いたことがあるかな。人形のなかに人形が入っていて, 開けるとさらに人形が入っているというのが特徴だ。遊んだことがある人もいるかな。

　また, ロシアではチャイコフスキーという音楽家が世界的に知られているね。音楽の授業などで彼が作曲した曲を聴いたことがある人もいるだろう。

　これでヨーロッパは全部だ。次は北アメリカに進んでいこう。

マトリョーシカ
ロシアの民芸品
人形の中から人形がでてくる

チャイコフスキー
「白鳥の湖」「くるみ割り人形」
などで有名なロシアの作曲家

北アメリカ

　北アメリカ大陸には，**カナダ**，**アメリカ合衆国**，**メキシコ**の３つの大きな国があるね。この大陸の北西部にある ① ＿＿＿＿＿＿＿ 州はアメリカ合衆国の領土だけれど，カナダを挟んで飛び地（はさ と ち）となっているのがわかるかな。この州には北アメリカ最高峰（さいこうほう）の ② ＿＿＿＿＿＿＿ 山があるよ。**バロー岬**はアメリカ合衆国の最北端となっていて，その東には油田の記号が確認できる。アラスカ州とカナダの国境は大部分が直線的だね。経線に沿った**人為的国境**（じん い てき），ここが西経141度となっているよ。ちなみに，カナダの南側は大部分が北緯49度でアメリカと国境をなしている。これも人為的国境だね。

　北アメリカ大陸は，北東部の ③ ＿＿＿＿＿ 湾と大西洋の間に ④ ＿＿＿＿＿＿ 高原（犬種（けんしゅ）ラブラドールレトリバーの原産地だよ！），東部に ⑤ ＿＿＿＿＿＿ 山脈があるけど，北アメリカ大陸の中では比較的低平な地域となっている。一方，西部は南北に高く険しい（けわ）⑥ ＿＿＿＿＿ 山脈が走っているね。この地域は変動帯に属していて，地殻変動（ち かくへんどう）が活発なんだ。

　まずは，カナダを見てみよう。カナダ全体ではイギリス系の人が多く住むのに対し，カナダ東部にある ⑦ ＿＿＿＿＿ 州は，**フランス系**の住民が多いことで知られているね。州都は大西洋に流れ出る ⑧ ＿＿＿＿＿＿＿ 川沿いの ⑨ ＿＿＿＿＿ だ。この州とオンタリオ州の境界付近にカナダの首都 ⑩ ＿＿＿＿ があるよ。

　首都の西には，五大湖がある。西から，⑪ ＿＿＿ 湖，⑫ ＿＿＿ 湖，⑬ ＿＿＿ 湖，⑭ ＿＿＿ 湖に，⑮ ＿＿＿ 湖と並んでいるね。これらの中には，⑧川とつながっていたり，アメリカとカナダの国境（**自然的国境**というよ）になったりしているものもあるのがわかるかな。

　カナダ中央部にあるマニトバ州の州都 ⑯ ＿＿＿＿ は小麦の集散地（しゅうさん ち）で有名だ。⑰ ＿＿＿＿ 州は原油を含むオイルサンドが産出されるんだよ。西部の大都市 ⑱ ＿＿＿＿＿ は，過去に日本や中国などからの移民を多く受け入れてきた港町でもあるんだ。

　カナダ北部やアラスカ，そして**グリーンランド**には**イヌイット**とよばれる先住民族が暮らしている。

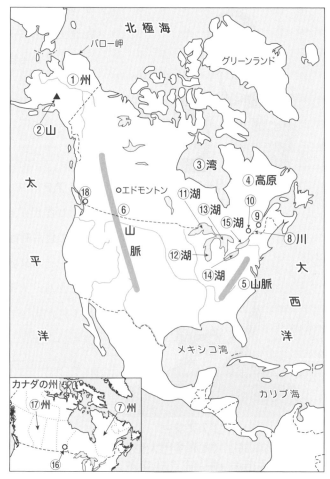

北極海

バロー岬

グリーンランド

① 州

② 山

③ 湾

④ 高原

エドモントン

⑥　山　脈

太　平　洋

⑤ 山脈

⑪ 湖

⑬ 湖

⑮ 湖

⑩

⑨

⑧ 川

⑫ 湖

⑭ 湖

大　西　洋

⑱

メキシコ湾

カリブ海

カナダの州

⑰ 州

⑦ 州

⑯

北アメリカ中央部

　ここからはアメリカ合衆国を中心に見ていこう。大航海時代にヨーロッパ人にとっての新大陸として発見されて以降, 東海岸(大西洋側)からヨーロッパ人の移民が入植してきたね。東海岸には, よく知られた大都市が並んでいるよ。**ボストン**からアメリカ経済の中心都市である ①

(首都ではないよ！)や**フィラデルフィア**, **ボルティモア**, 首都の ②　　　　　　　D.C. にかけての巨大都市が連続している状態を**メガロポリス(巨帯都市)**というんだ。正式には首都のことを**コロンビア特別区(District of Columbia＝D.C.)**という。

　アメリカ合衆国の南東部を見ると ③　　　　　　　半島があるね。ケネディ宇宙センターやウォルトディズニーワールドが立地するんだ。この辺りは温暖な地域で, 南の海上を北回帰線が通っているよ。海岸リゾートで有名な ④　　　　　　　ビーチは聞いたことがあるかな。

　大西洋側から入植してきたヨーロッパ人は西へと開拓を続けた。私たちも, アメリカ合衆国を東海岸から西へ見ていこう。

　ニューヨークから西に進むと五大湖の一つであるエリー湖があり, その西岸のアメリカ自動車産業発祥の街は ⑤　　　　　　　だね。エリー湖とオンタリオ湖の間には ⑥　　　　　　　滝がある。湖面の標高を読み取ると, エリー湖が ⑦　　　　m, オンタリオ湖が ⑧　　　　m となっているよ。この落差が滝となるんだ。エリー湖の南にはかつて製鉄業で発展した**ピッツバーグ**も確認できるね。また, 西のミシガン湖南岸には ⑨　　　　　　　がある。農産物の集散地としても知られ, ここから道路や鉄道が各方面に伸びているのがわかるかな。五大湖は外洋とつながっているため, 沿岸部は重要な港となるんだね。⑨から南に行って, メキシコ湾に流れ出る ⑩　　　　　　　川 の

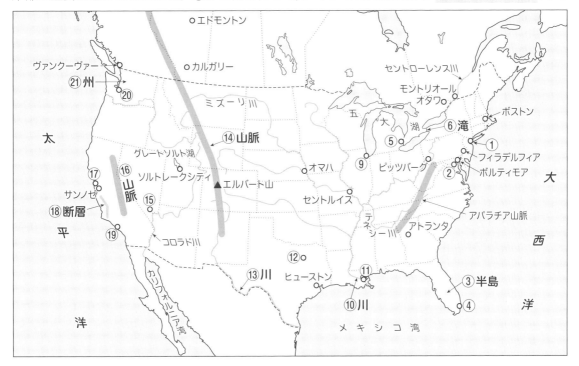

河口に位置するのが ⑪＿＿＿＿＿＿＿＿ という都市。アフリカ系アメリカ人が多く，ジャズなどで有名だ。ミシシッピ川の河口は鳥の足の形をした特徴的な三角州があるよ。この川はアメリカ合衆国の中央部の平原を流れており，長さと流域面積ともに，アメリカで上位なんだ。メキシコ湾周辺は油田の記号が多く並ぶね。メキシコ湾に沿って西に行くと，**テキサス州**に入り，宇宙センターがある**ヒューストン**が，その北には半導体産業が盛んな地域の中心都市である ⑫＿＿＿＿＿ があるよ。州の南縁は ⑬＿＿＿＿＿ 川を挟んでメキシコと接しているね。この州は**西経100度**の線が通過している。アメリカ合衆国ではちょうど西経100度と**年間降水量500mm**の線が一致するんだ。したがって降水量の多いこの線の東側は草丈の長い**プレーリー**が，一方，降水量の少ない西側は草丈の短い**グレートプレーンズ**が広がっているよ。

さらに西へ進もう。⑭＿＿＿＿ 山脈を越えて**コロラド川**沿いには**グランドキャニオン国立公園**など，大峡谷が見られる。カジノで有名な ⑮＿＿＿＿＿ はコロラド川につくられたフーヴァーダムから水と電力の供給を受けて発展した都市なんだ。ここから**カリフォルニア州**に入り，南北に連なる ⑯＿＿＿＿ 山脈を越えて西には ⑰＿＿＿＿＿＿ がある。この都市から近郊の**サンノゼ**近辺には，IT産業が集積するシリコンヴァレーがある。世界規模で展開していて日本でもよく知られているIT企業の多くが，本拠地を置いているんだ。またこの州には横ずれ断層の代表例である ⑱＿＿＿＿＿＿ 断層が南北に続いているよ。南に行くとアメリカ太平洋側の最大都市 ⑲＿＿＿＿＿ がある。夏に乾燥する地中海性気候や砂漠気候の地域が広がり，晴天率が高いんだ。そのため，ハリウッドで映画を撮影するようになったとも言われているよ。この辺の地名は，頭に「サン」がつくことに気がついたかな。「サン」はスペイン語由来で「聖」という意味なんだ。かつてはアメリカ西部がメキシコ領（スペイン語が話されているよ）であったためだね。

アメリカ北西部にある航空機産業などで知られる都市は ⑳＿＿＿＿＿ だ。日本の北海道よりも緯度が高く冷涼な気候となっているよ。ここは ㉑＿＿＿＿＿ 州に属している。州名と首都が同じ地名だけれど，位置は大きく離れているんだ。

ここでアメリカのスポーツについて。よく日本人のメジャーリーガーが注目されているけど，アメリカでは野球だけでなくアメリカンフットボールやバスケットボール，アイスホッケーもとても人気のスポーツだ。人気のスター選手は憧れの的だ。それでは中央アメリカへと進もう。

ジャズ
アフリカの人々により
アメリカ南部でうまれた音楽

アメリカンフットボール
アメリカ国内では人気があって
メジャーなスポーツ

中央アメリカ

　まず, 中央アメリカの範囲を確認しよう。北アメリカ大陸の国 ①　　　　　　　から ②　　　　　海周辺の地域となるよ。②海は熱帯に属し, 海がきれいであの海賊の映画の舞台にもなったね！では, 北から順番に見ていくよ。人口1億人を超える①の首都は, ③　　　　　　　　　　で標高はおよそ2,300mもあるんだ。この国は山がちな地形が多いね。首都の周辺にはテオティワカンなどの**アステカ文明**の遺跡がある。また, 小型犬のチワワは, 西シエラマドレ山脈の麓(ふもと)の**チワワ**地域が原産地なんだよ。西部の**カリフォルニア半島**はアメリカ合衆国から伸びているように見えるけれど, メキシコ領なんだ。一方, 東部には北東に突き出した ④　　　　　　半島があって**マヤ文明**の遺跡がみられるね。半島の東側にある ⑤　　　　　　はリゾート地として有名だ。⑥　　　　　　湾には油田の記号が見られるね。このあたりで原油が産出されていることがわかる。

　次は大西洋側でひらがなの「つ」の文字のように島々が分布する ⑦　　　　　　諸島を見ていこう。**バハマ諸島**の南西, フロリダ半島の南部には, 社会主義国の ⑧　　　　　　がある。そして南にある国は ⑨　　　　　　で, **ブルーマウンテン**(標高2,256m)はコーヒーの銘柄(めいがら)にもなっているね。この国とその対岸にある, イスパニョーラ島の西部の国 ⑩　　　　　　はアルミニウムの原料となる**ボーキサイト**が採掘(さいくつ)されることでも知られているよ。イスパニョーラ島の東部の国は ⑪　　　　　　共和国。アメリカのメジャーリーグで活躍する野球選手を多く輩出(はいしゅつ)しているね。さらにその東の島は ⑫　　　　　　という地域。ここはアメリカ領なんだ。

　最後に, 南北アメリカ大陸をつなぐ国 ⑬　　　　　　を確認しよう。ここにあるパナマ運河は1914年に完成したんだ。太平洋と大西洋を航海するのに, この運河を使うと日数を短縮できるんだよ。

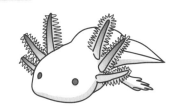

ウーパールーパー
メキシコ原産のサンショウウオの仲間。メキシコサラマンダーともいわれている

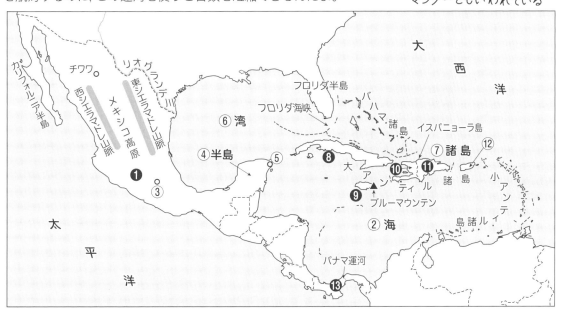

南アメリカ

　南アメリカは, **パナマ地峡**より南側の三角形のような大陸だ。植民地の歴史からスペイン語やポルトガル語が話されているのが特徴だね。南アメリカ大陸は南北に約7,500kmととても長い。大陸の西側には ① ＿＿＿＿＿＿＿ 山脈が連なっている。6,000mを超す山々もある高山地帯で, リャマやアルパカなどの家畜を飼育していたり, **ポンチョ**などの伝統衣装を着た人が住んでいたりするよ。ジャガイモやトマトの原産地でもある。

　では, 北側から反時計回りに各国を見て行こう。② ＿＿＿＿＿＿＿＿＿ の首都は**ボゴタ**, 赤道が語源の ③ ＿＿＿＿＿＿＿ の首都は**キト**。どちらも赤道付近に位置しているけど, 標高が2,500mを超える**高山都市**なので年間を通して過ごしやすい**常春**の気候だよ。独特の生態系を持ち, 「ガラケー」の語源でもある ④ ＿＿＿＿＿＿＿ 諸島も③領だね。続いて**ペルー**に入ろう。インカ帝国の遺跡で, 世界遺産に登録され天空都市といわれる ⑤ ＿＿＿＿＿＿＿ 遺跡は有名だね。日本と同じ**環太平洋造山帯**に属しているので, この村には温泉もあるんだ。同じくペルー

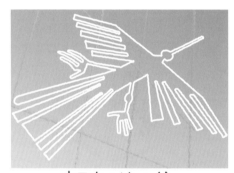

ナスカの地上絵
かなり古い時代に描かれたとされる
謎のアート　絵柄はさまざま

ポンチョ
寒さや日射を防ぐ役割
リャマやアルパカなどの毛
でもつくられる

で世界遺産となっている**ナスカの地上絵**は今でも新たな絵が発見されているんだ。その東にある**チチカカ湖**を越えていくと**ボリビア**に入る。この国の首都 ⑥ ＿＿＿＿＿＿ は世界一標高が高い首都(標高3,630m)で, すり鉢状の地形だよ。**ポトシ**は, かつて世界有数の銀の産地だったんだ。水が薄く溜まって鏡を敷きつめたような ⑦ ＿＿＿＿＿ 塩地の写真は見たことがあるかな？電池に使われるリチウムが採れることでも注目されているよ。

　そして, 再び太平洋に沿って ⑧ ＿＿＿＿＿ という国に入っていくよ。沿岸に続く ⑨ ＿＿＿＿＿ 砂漠は, 沖合を寒流の**ペルー(フンボルト)海流**が流れていて, 上昇気流が起きにくく, 雨雲ができにくいので降水量がほぼなくなる**海岸砂漠**だ。一方, 内陸には銅をはじめとする鉱山も多くあるね。また, 南部に進んで緯度が南緯50度になると, 沿岸部も寒冷な気候になっているよ。氷河によって削られたU字谷に海水が入ってできた**フィヨルド**の入り組んだ海岸線が特徴的だね。日本向けのサケの養殖もここで行われているんだって。ちなみに太平洋の沖合(首都サンティアゴから約3,700km)にある**イースター島**(現地語でラパヌイ島)もこの国の領土で, モアイ像があることで知られている。

　さて, 続いて南アメリカ大陸を大西洋側にまわってみよ

う。最初の国は，⑩_____だ。南部の**パタゴニア地方**は偏西風が常に吹き，航海の難所

となっている。⑪_____海峡は大航海時代の探検家の名前からつけられているよ。大西洋の

沖合に⑫_____諸島があるね。かつてイギリスと領土をめぐる紛争があった場所だ

よ（現在も未解決）。大西洋へ注ぐ⑬_____川のほとりに首都の⑭_____

はある。**エスチュアリー（三角江）**とよばれる，河川の河口部が沈んだ入江になっているね。首都の周

辺は広大な平野となっているのが読み取れるかな。**パンパ**とよばれる草原地帯は大規模な穀物地帯や

放牧地域となっているよ。ここで活躍するカウボーイはガウチョとよばれている。ボトムスの種類の

一つにその服装が取り入れられているね。**ウルグアイ**を越えて，**パラグアイ**と南米最大の国**ブラジル**

の国境には世界遺産イグアス滝があるよ。ブラジルの大西洋沿いには最大の都市⑮_____

や，旧首都でカーニバルで知られている⑯_____があるね。首都は内陸部にある

⑰_____で計画都市になっているよ。⑱_____高原の中央にあるね。国の北部を

流れる⑲_____川の流域には**セルバ**とよばれる熱帯雨林が広がっている。近年は熱帯林の乱

伐が問題視されているね。この川の河口をちょうど赤道が通っているよ。そしてブラジルはコーヒー

豆や大豆，さとうきびの生産が世界の上位にある。特に大豆はその生産量・輸出量が近年も伸び続け

ていて，その多くは中国が輸入しているんだ。また，鉱産資源では鉄鉱石が産出されていて，日本はオー

ストラリアに次いでこの国から多くを輸入しているんだ。

さらに北上して⑳_____高地を越えると，フランス領ギアナや**スリナム**，**ガイアナ**といった国や地域が並ぶ。熱帯に多いアルミニウムの原料となるボーキサイトの採掘場が多く見られるね。最後にカラカスが首都の国㉑_____を見ていこう。㉒_____川流域の**リャノ**と呼ばれる草原は，雨季と乾季が明瞭でカピバラの生息地にもなっているよ。この国の北西部にある㉓_____湖周辺には油田が複数分布しているね。この国は原油埋蔵確認量が世界でも上位なんだ。

それでは残り一つの地域，オセアニアに向かおう。

（地図）

㉓ 湖
パナマ地峡
カラカス
㉒ 川
㉑
ボゴタ
❷
⑳ 高地
ギアナ宇宙センター
大
④ 諸島
キト
❸
マナウス（マナオス）
赤道
イキトス
セ ル バ
⑲ 川
ベレン
① 山脈
リマ
⑤ 遺跡
アマゾン盆地
ナスカの地上絵
⑥
⑰
チチカカ湖
ポトシ
⑱ 高原
西
太
アントファガスタ
⑮ ⑯
⑨ 砂漠
⑦ 塩地
パラナ川
ウルグアイ川
洋
サンティアゴ
❽ ⑩ ⑭
⑬ 川
平
⑪ 海峡
⑫ 諸島
洋

オセアニア

　最後に, オセアニアを見ていくよ。太平洋の広大な部分を占める地域だね。**オーストラリア**や**ニュージーランド**は馴染みがあるかな。まずは, この2か国から見ていくよ。

　オーストラリアの東部を ①　　　　　　　　　　　　　　　山脈が南北に走っている。山脈の東側は降水量の多い温暖な地域だよ。一方, 山脈の西側は, 降水量の少ない乾燥した地域で, ここに ②　　　　　　　　　　　　　盆地があるね。この盆地には地下水が自噴するところがあって羊などの放牧が行われているよ。オーストラリア北東部の**コーラル海**（珊瑚海）には, 世界自然遺産の ③　　　　　　　　　（大堡礁）がある。海域名の通り美しい**サンゴ礁**が広がっているんだ。海岸沿いに南下して, オペラハウスなどで知られている港湾都市の ④　　　　　　　と, ⑤　　　　海峡に面した**メルボルン**の位置関係を確認しよう。実は, 2つの都市の中間に首都として計画的に作られた都市が ⑥　　　　　　　だ。⑤海峡には南緯40度の線が通っていて, 大陸と反対側に ⑦　　　　　　島があるね。

　西に進んで, **アデレード**を通過すると ⑧　　　　　　平原が広がる。世界最長の鉄道直線区間があるんだ。この北には広大な ⑨　　　　　　　　　砂漠があるね。さらに西へ行くと, 19世紀に金が発見され, 金の採掘で有名になった ⑩　　　　　　　という都市がある。その西の大都市 ⑪　　　　　は, 先ほどの**メルボルン**から直線で約2,700kmの地点（オーストラリア大陸の広大さがわかるかな）にあるんだよ。夏季に雨が少なく, 地中海性の気候となるんだ。今度は北に進んでみよう。⑫　　　　　　や**ポートヘッドランド**は大陸北西部の**マウントホエールバック**などの**ピルバラ地区**で産出された**鉄鉱石**の積み出し港だよ。オーストラリアは鉱産資源の産出国で, こ

こから日本や中国などへ輸出するんだ。さらに北上して**アラフラ海**に面した都市 ⑬ _____ は, 進化論を唱えた生物学者の名前に由来するよ。ここを含む**ノーザンテリトリー**は, 先住民の**アボリジニ**の比率がほかの州よりも高いよ。大陸中央部にある ⑭ _____ (エアーズロック)やカタジュタ(オルガ山)はアボリジニの聖地で, 世界一大きい一枚岩なんだ。

次はニュージーランド。北島と南島にわかれ南北に細長くなっているね。首都は北島の ⑮ _____ だ。ただし, この国の人口最大の都市は ⑯ _____ だよ。日本と同じく火山があるため, 地熱発電も盛んで, **ワイラケイ地熱発電所**は世界的に有名だよ。

南島は中央部を背骨のように ⑰ _____ 山脈が走っているね。南西部のギザギザした海岸線が確認できるかな。ここは氷河によって作られた地形(**フィヨルド**)で, **フィヨルドランド国立公園**に指定されている。南島は特に西から**偏西風**(へんせいふう)が吹いていて, 山脈の西側で降水量が多くなり, 東側は少なくなる。2010年と2011年に大地震の被害にあった, 南島で最大の都市 ⑱ _____ があるのは東側だ。

それでは, オセアニア州全体を確認しよう。「大洋」という意味のオセアニアは, 太平洋の大部分に広がっているね。経度180°付近にある, **日付変更線**を確認できるかな。まず日付変更線の東側が, 「多くの島々」という意味の ⑲ _____ とよばれる地域だよ。次に日付変更線の西側のうち, 赤道より北は「小さい島々」という意味の ⑳ _____ で, 赤道より南は「黒い島々」という意味の ㉑ _____ となる。オセアニアは小さな島が多いけれど, 資源が採れる(と)島もあって注目されてきたんだ。オーストラリア東方約2,000kmにあるフランス領の ㉒ _____ 島はレアメタルの**ニッケル**の産地として知られている。また, 赤道付近のナウルは, アホウドリの糞(ふん)が固まってできた島で, 肥料の原料となる**リン鉱石**(こうせき)の産出が盛んだったんだ(今はほぼ枯渇(こかつ)した)。

世界各地をくまなく旅行することは, なかなかできないね。けれども, 地図帳をよく見ると, いろいろなことがわかるんだ。インターネット上の地図を使うことが当たり前になってはきたけれど, 今後も, 何か地名を聞いた時は地図帳を広げてみよう。今後のみなさんが生きる世界観が広がるかもしれないよ。

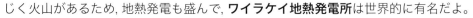

コアラ
ユーカリの葉が主食
一日の大半を寝て過ごす

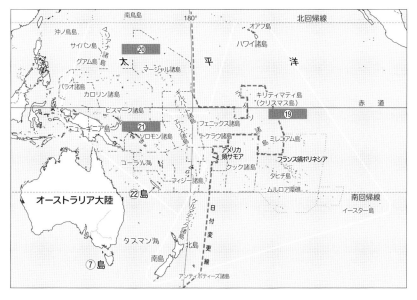

ISBN978-4-8176-0468-2

C7025 ¥400E

9784817604682

定価:440円(10%税込)

1927025004006

発行所 株式会社 二宮書店　〒101-0047 東京都千代田区内神田1-12-6 2F　Tel. 03-5244-5850(代)

学年　　　組　　　番　　　氏名